# Muttersprache 10

## Arbeitsheft

Herausgegeben von Viola Oehme

Erarbeitet von
Ronny Geerken
Iris Marko
Antje Pechau
Petra Schön

**VOLK UND WISSEN**

Zu diesem Arbeitsheft gibt es einen passenden Schülerband (ISBN 978-3-06-061728-9).

**Redaktion:** Gabriella Wenzel
**Illustration:** Bianca Schaalburg, Berlin
**Umschlaggestaltung:** werkstatt für gebrauchsgrafik, Berlin
**Layout und technische Umsetzung:** Ines Schiffel, Berlin

Autorinnen und Redaktion danken Bernd Skibitzki für wertvolle Anregungen und praktische Hinweise
bei der Entwicklung des Manuskripts.

**Quellenangaben:**
**Texte: 8 f.** Bender, Laura: Hört auf, Konzerte zu filmen! Ein Appell. Nach: http://www.yummygeeks.de/hoert-auf-konzerte-zu-filmen-ein-appell.html [16.09.2013]. **11** Bon Jovi: Fans sollen Konzert filmen. Nach: http://www.mix1-news.de/bon-jovi-fans-sollen-konzert-filmen/ [16.09.2013]. „Handy aus oder Schluss!" – Pianist bricht Konzert ab. Nach: http://www.n-tv.de/leute/Pianist-bricht-Konzert-ab-article10761366.html [16.09.2013]. **16** Götz, Timo: Bedürftige sollen in Erfurt für Bibliotheksausweis zahlen. Nach: Thüringer Allgemeine, 29.06.2013, S.TBTH4. **23** Brandstädter, Philipp: Mit dem Zweiten sieht man mehr. Aus: http://www.taz.de/!111589/ [18.09.2013]. Fernsehen und Computerarbeit gleichzeitig geht nicht. Aus: http://www.welt.de/wissenschaft/article13327029/Fernsehen-und-Computerarbeit-gleichzeitig-geht-nicht.html [18.09.2013]. **24** *Unsere Fehlschläge ...* Aus: http://erfolgszitate.de/allgemein/ [21.10.2013]. *Was dein Feind ...* Aus: Harenberg Lexikon der Sprichwörter und Zitate. Dortmund: Harenberg Verlag, 1997, S.311. **26 f.** Brecht, Bertolt: Wenn die Haifische Menschen wären (gekürzt). Aus: B. B.: Gesammelte Werke. Bd. 12. Prosa 2. Frankfurt/M.: Suhrkamp Verlag, 1967, S.394–395. **31** Storm, Theodor: Die Stadt. Aus: Th. S.: Sämtliche Werke in vier Bänden. Band 1. Berlin: Aufbau-Verlag, 1978, S.112. **35 f.** Schiller, Friedrich: Kabale und Liebe. Ein bürgerliches Trauerspiel (Auszug). Aus: Schillers Werke in fünf Bänden. Zweiter Band. Berlin, Weimar: Aufbau-Verlag, 1967, S.301–303. **39 f.** Bloßgestellt – vor den Augen aller. Aus: Badische Zeitung, 17.05.2013. **40** *Diagramme* Aus: Feierabend, Sabine, Rathgeb, Thomas: JIM-Studie 2012: Jugend, Information, (Multi-)Media. Basisuntersuchung zum Medienumgang 12- bis 19-Jähriger. Herausgegeben vom Medienpädagogischen Forschungsverbund Südwest. Stuttgart, 2012, S.39. (http://www.mpfs.de). **46** Brecht, Bertolt: Herr Keuner und die Flut. Aus: B. B.: Gesammelte Werke in 20 Bänden. Bd. 12. Prosa 2. Frankfurt/M.: Suhrkamp Verlag, 1967, S.402. Goethe, Johann Wolfgang von: Meeresstille. Aus: Nationale Forschungs- und Gedenkstätte der Klassischen Deutschen Literatur in Weimar (Hrsg.): Goethes Werke in zwölf Bänden. Band 1. Gedichte I. Berlin, Weimar: Aufbau-Verlag, 1974, S.202. **47 f.** Schiller, Friedrich: Kabale und Liebe. Ein bürgerliches Trauerspiel (Auszug). Aus: Schillers Werke in fünf Bänden. Zweiter Band. Berlin, Weimar: Aufbau-Verlag, 1967, S.298–300. **50** Datenschutz. Aus: Feierabend, Sabine, Rathgeb, Thomas: JIM-Studie 2012: Jugend, Information, (Multi-)Media. Basisuntersuchung zum Medienumgang 12- bis 19-Jähriger. Herausgegeben vom Medienpädagogischen Forschungsverbund Südwest. Stuttgart, 2012, S.45–46 (http://www.mpfs.de). **52** Brecht, Bertolt: Wenn die Haifische Menschen wären (gekürzt). Aus: B. B.: Gesammelte Werke. Bd. 12. Prosa 2. Frankfurt/M.: Suhrkamp Verlag, 1967, S.394–395. **55** *Alexander Rösler wuchs ...* Aus: Rösler, Alexander: Ein Kuss ist ein ferner Stern. Würzburg: Arena Verlag, 2011, S.2. **57** *Ich wollte ...* Aus: Rösler, Alexander: Ein Kuss ist ein ferner Stern. Würzburg: Arena Verlag, 2011, S.8–9. **64** *Nein, hat er gesagt ...* Aus: Rösler, Alexander: Ein Kuss ist ein ferner Stern. Würzburg: Arena Verlag, 2011, S.70. **65** Ecke, Wolfgang: Der Inselschreck (Auszug). Nach: W. E.: Das Karussell der Spitzbuben. Bindlach: Loewe Verlag, 1984, S.224. **69** *Wörterbuchartikel* Aus: Dudenredaktion (Hrsg.): Duden: Das Fremdwörterbuch. 10., aktualisierte Auflage. Mannheim, Zürich: Dudenverlag, 2010, S.431. **78** *Dann ging alles ...* Aus: Schalansky, Judith: Der Hals der Giraffe (Auszug). Berlin: Suhrkamp Verlag, 2011, S.55. **79** Hebel, Johann Peter: Der kluge Richter. Aus: Nationale Forschungs- und Gedenkstätte der Klassischen Deutschen Literatur in Weimar (Hrsg.): Hebels Werke in einem Band. Ausgewählt und eingeleitet von Dieter Pilling. Berlin, Weimar: Aufbau-Verlag, 1975, S.105.
**Fotos: 9** Fotolia/© 9parusnikov **11** action press/Suzan/All Action **14** Shutterstock/Chris Fourie **17** mauritius images/ib **23** Mauritius images/Patrice Lucenet/Oredia **24** Noah – Menschen für Tiere e. V. /Foto: Ulrich Hoppe **35** picture alliance/Eventpress Ho **39** Fotolia/© kebox **48** picture alliance/Eventpress Ho **54** Fotolia/© rabbit75_fot **56** *Buchcover* (Ein Kuss ist ein ferner Stern): Arena Verlag, Würzburg 2013 **71** Fotolia/© Bernhard Küpper **72** © BRIDGEMANART.COM **73** mauritius images/ib **74** Fotolia/© spuno **77** Shutterstock/katalinks **78** *Buchcover* (Der Hals der Giraffe): Suhrkamp Verlag Berlin 2012

**www.cornelsen.de**

Die Webseiten Dritter, deren Internetadressen in diesem Lehrwerk angegeben sind, wurden vor Drucklegung sorgfältig geprüft. Der Verlag übernimmt keine Gewähr für die Aktualität und den Inhalt dieser Seiten oder solcher, die mit ihnen verlinkt sind.

Dieses Werk berücksichtigt die Regeln der reformierten Rechtschreibung und Zeichensetzung.
Bei den mit R gekennzeichneten Texten haben die Rechteinhaber einer Anpassung widersprochen.

1. Auflage, 4. Druck 2022

Alle Drucke dieser Auflage sind inhaltlich unverändert
und können im Unterricht nebeneinander verwendet werden.

© 2014 Cornelsen Schulverlage GmbH, Berlin
© 2017 Cornelsen Verlag GmbH, Berlin

Druck: Athesiadruck GmbH

ISBN 978-3-06-061778-4

# Schriftlich erörtern

## Textunabhängige (freie) Erörterungen schreiben

**!** Beim **textunabhängigen (freien) Erörtern** setzt man sich mit einem **Problem** oder **Sachverhalt** schriftlich auseinander, das/der als Behauptung/Aussage (These), Situationsbeschreibung, Forderung bzw. als Thema oder Frage formuliert ist. **Ziel** des Erörterns ist es, **Erkenntnisse** zu gewinnen, Ansätze zur **Problemlösung** zu finden, **Standpunkte** zu bilden und/oder zum **Meinungsaustausch** beizutragen. In Vorbereitung auf eine Erörterung verschafft man sich einen Überblick über das Problem oder die Sache, formuliert Erkenntnisse, Standpunkte und/oder Problemlösungsmöglichkeiten. Mit **Argumenten** begründet und belegt man die gewonnenen Einsichten und Meinungen.

**Eine Erörterung planen**

**1** Setze dich kritisch (kontrovers) mit der folgenden Aussage auseinander.

Altersbeschränkungen für Filme und Computerspiele sind heutzutage unnötig.

**• das Problem formulieren**

**a** Formuliere das Problem als Entscheidungsfrage.

_____

_____

**• Standpunkte formulieren**

**b** Formuliere zwei unterschiedliche Standpunkte zur Fragestellung in Form von Behauptungen.

*Standpunkt 1: pro (für)* _____

_____

_____

*Standpunkt 2: kontra (gegen)* _____

_____

_____

**c** Setze dich gründlich mit dem Thema auseinander. Recherchiere im Internet und halte deine Erkenntnisse in geeigneter Weise in deinem Heft fest.

• Argumente
sammeln

**d** Sammle stichpunktartig Pro- und Kontra-Argumente.

| Pro | Kontra |
|---|---|
| | |

**• sich eine Meinung bilden**

**2** Entscheide dich für einen Standpunkt oder formuliere einen Kompromiss.

_____

_____

_____

_____

**• Argumente ordnen**

**3**

**a** Ordne die Pro- und Kontra-Argumente aus Aufgabe 1 d nun jeweils nach ihrer Wichtigkeit im Block an. Schreibe dazu die Zahlen von 1 (sehr wichtig) bis 4 (weniger wichtig) in die Kreise.

**TIPP**
Dein Standpunkt (Pro oder Kontra) muss in der rechten Spalte stehen.

**b** Ordne deine Pro- und Kontra-Argumente aus Aufgabe 1 d sinnvoll im Wechsel an. Bestimme deinen Standpunkt und ergänze die Spaltenüberschriften (Pro, Kontra). Trage die Zahlen in die Kreise ein.

**c** Vergleiche die Anordnung der Argumente (im Block oder im Wechsel) und beurteile, welche dir sinnvoller erscheint bzw. leichter fällt. Begründe deine Meinung.

_____

_____

_____

_____

_____

_____

_____

**Einen Entwurf schreiben**

**4** Schreibe den Entwurf einer kontroversen Erörterung in dein Heft.

**a** Formuliere in wenigen Sätzen eine Einleitung.

**b** Entwirf den Hauptteil der Erörterung. Ordne die Argumente im Block oder im Wechsel an.

**c** Formuliere den Schluss deiner Erörterung.

**Den Entwurf überarbeiten**

**5** Überarbeite deinen Entwurf.

**a** Beantworte zuerst folgende Fragen.

**1** Warum soll dieses Problem (diese Frage) erörtert werden?

_____

_____

_____

**2** Welche Absicht verfolgt der Text?

_____

_____

_____

**3** An wen richtet sich der Text (wer wird/soll ihn lesen)?

_____

_____

_____

**b** Überprüfe deinen Text mithilfe der Checkliste und hake ab, was du überprüft hast.

**1** Ist deutlich, warum und mit welcher Absicht das Problem erörtert wird? ☐

**2** Ist der Text sinnvoll gegliedert (Einleitung, Hauptteil, Schluss)? ☐

**3** Ist die zu erörternde Frage klar formuliert? ☐

**4** Sind die Standpunkte genau formuliert? ☐

**5** Sind die Argumente geeignet und vollständig, sinnvoll geordnet und gut miteinander verbunden bzw. gegenübergestellt? ☐

**6** Werden die Adressaten des Textes beachtet? ☐

**Die Endfassung schreiben**

**6** Schreibe die Endfassung in dein Heft.

# Textbezogene (textgebundene) Erörterungen schreiben

Beim **textbezogenen (textgebundenen) Erörtern** setzt man sich kritisch mit einem Text oder einer Aussage (Zitat) auseinander, um Erkenntnisse, eigene Standpunkte oder Problemlösungsansätze zu gewinnen und/oder sich an einem Meinungsaustausch zu beteiligen, z. B. in Form eines Leserbriefs. Eine textbezogene Erörterung enthält in der Regel folgende **Bestandteile**:

- Einleitung:  Nennen der Textvorlage (Textsorte, Titel, Verfasser, Quelle) sowie des behandelten Problems und des dargestellten Standpunkts
- Hauptteil:  kritisches (kontroverses) Auseinandersetzen mit den angeführten Argumenten und Darstellen eigener Argumente
- Schluss:  Formulieren eines eigenen Standpunkts (Zustimmung, Ablehnung, Kompromiss), ggf. Empfehlungen und/oder offene Fragen

Beim textbezogenen Erörtern muss man sich durch knappe **Zusammenfassungen** von Aussagen, durch das Aufgreifen von **Schlüsselbegriffen** und durch **direkte und indirekte Zitate** auf die Textvorlage beziehen.

**Eine textgebundene Erörterung planen**
- **den Text lesen und verstehen**

**1** Schreibe eine kontroverse Erörterung, in der du dich mit dem folgenden Text auseinandersetzt. Stelle deine Meinung zum genannten Problem begründet dar.

**a** Lies den folgenden Text gründlich. Schlage unbekannte Wörter nach.

**Hört auf, Konzerte zu filmen! Ein Appell.**
*Musik berührt die Seele und Konzerte sind dazu da, sich live genau dort anfassen zu lassen. Egal ob Black Metal, zarte Harfenmusik oder dicke Beats: Bei Auftritten sind wir den Interpreten so nah wie sonst nie. Diese besondere Intimität wird nur leider aufgehoben, wenn drei Viertel des Publikums ein Smartphone zwischen sich und die Bühne halten.*

5 Wenn man nicht gerade 2,10 m ist, ist der Kampf, beim Konzert etwas sehen zu können, oftmals ein harter. [...] Selbst wenn man ganz entspannt einen Platz ergattert hat, gibt es dann spätestens, wenn das Licht ausgeht, eine weitere Hürde: das Smartphone.
Blitzschnell jagen alle ihre Telefone in die Höhe und vor einem breitet sich ein
10 Lichtermeer aus Displays aus. Ergo: Man sieht erstmal wieder nichts.
Während früher streng kontrolliert wurde, dass man ja keine Kamera mit in die Konzerte nimmt, ist es jetzt [...] absolut unmöglich, Mitschnitte und Fotografien auf Konzerten zu verbieten. Ein Foto als Andenken oder ein kurzes Video eines besonderen Songs – okay, aber warum [...] halten manche Menschen ihr Telefon stunden-
15 lang in die Höhe?
Jeder, der ein Konzert besucht und die Karten dafür nicht gerade gewonnen hat, verbindet mit dem auftretenden Interpreten etwas. Sei es ein Kuss, eine lange [...] Sommernacht mit Freunden oder die Beerdigung des geliebten Meerschweins: Es ist etwas Besonderes, seine liebsten Künstler live zu sehen. [...]
20 Man könnte meinen, dass die immer besser werdenden Telefone die Dokumentationssucht vorantreiben, doch auch manch altes Klapphandy hat mir schon das Gesicht weggeleuchtet. Konzertvideos sind viel mehr eine Art digitaler Starschnitt und Ansichtskarte für Freunde in einem.
Nicht selten landen die Videos nämlich bei Facebook [...]. Es ist schön, Freunden zu
25 zeigen, welche Musik man gerade genießt und wie sich der eigene Geschmack entwickelt. Vielleicht bringt man sogar den einen oder anderen dazu, seine eigene Geschichte mit dieser Musik zu schreiben.

Perfide wird es doch erst ab dem Punkt, ab dem ihr schon auf dem
30 Konzert euer Handy rausholt und euch überlegt, dieses Video für Facebook zu machen. Es ist doch irgendwie falsch, wenn es einfach nur ums Präsentieren geht und ihr
35 70 Minuten dasteht, um euch die Emotionen und Tanzmoves, die euch sonst das Herz herausreißen, durch euer 3,5-Zoll-Display anzusehen.
40 Gibt es überhaupt Menschen, die sich diese Videos wirklich noch einmal danach ansehen? Wie muss man sich wohl als Star fühlen, wenn jedes noch so intime Konzert
45 in kurzer Zeit mit Millionen Menschen geteilt werden kann?
Wenn jemand in Zukunft auf der Bühne seinen blanken Hintern zeigt, könnt ihr das nicht mehr als exklusives Erlebnis verkaufen, da es wahrscheinlich jeder ab dem Morgen danach bei Youtube ansehen kann.
Packt also die Telefone ein und genießt doch mal die Musik!

*Laura Bender*

Nach: http://www.yummygeeks.de/ [16.09.2013]

**b** Formuliere das Problem, das im Text angesprochen wird, als Entscheidungsfrage.

_____

_____

_____

**c** Formuliere den Standpunkt bzw. die Standpunkte der Autorin in Form von Behauptungen.

_Die Autorin ist der Meinung,_ _____

_____

_____

_Sie vertritt die Ansicht,_ _____

_____

_____

_Ihres Erachtens_ _____

_____

**d** Formuliere mithilfe des Textes Argumente und notiere sie in der linken Spalte. Überlege jeweils, ob du direkt oder indirekt zitieren oder die Aussagen knapp zusammenfassen willst.

| Pro | Bewertung (++ / + / −) |
| --- | --- |
| *Jede/r, die/der ein Konzert besucht* | |
| | |
| | |
| | |
| | |
| | |
| | |
| | |

| Kontra | Bewertung (++ / + / −) |
| --- | --- |
| | |
| | |
| | |
| | |
| | |
| | |
| | |
| | |

**e** Bewerte, ob du den Argumenten voll (++), zum Teil (+) oder nicht (−) zustimmen kannst, und ergänze die rechte Spalte deiner Tabelle.

• Argumente
sammeln und
ordnen

**2** Sammle weitere Pro- und Kontra-Argumente für und gegen die Standpunkte der Autorin.

**a** Lies dazu die folgenden Zeitungsartikel und formuliere anschließend je ein Pro- und Kontra-Argument. Trage sie in die Tabelle in Aufgabe 2 b (S. 12) ein.

### Bon Jovi: Fans sollen Konzert filmen

**London.** „Bon Jovi" rufen ihre Fans dazu auf, beim Konzert im Londoner Hyde Park mit ihren Smartphones den Song „Wanted Dead or Alive" aufzunehmen. Die Band möchte auf ihrer Webseite nämlich ein ganz besonderes

5 Fan-Video zu dem Song einstellen und dafür so viel Videomaterial wie möglich zur Verfügung haben. Dazu teilte die Band mit: „Versucht, wenn möglich, den ganzen Song aufzunehmen, wenn ihr könnt – einschließlich der Band, euch selbst und der Zuschauer. Wir werden alle Videos

10 von Fans benutzen, um ein einzigartiges Musikvideo vom einzigartigen Londoner Hyde Park zu erstellen! Haltet also eure Handys bereit und macht euch bereit für eine explosive Show!"

Nach: http://www.mix1-news.de/ [16.09.2013]

### „Handy aus oder Schluss!"– Pianist bricht Konzert ab

Der polnische Meisterpianist Krystian Zimerman hat wegen eines Handys im Publikum genervt einen Auftritt abgebrochen. Der 56-Jährige sei von der Konzertbühne in Essen gestürmt, weil ein Besucher die Aufführung mit einem Smartphone aufgenommen hat, bestätigte eine Sprecherin des Klavier-Festivals Ruhr. Zuvor

5 habe Zimerman den Besucher aufgefordert, die Aufnahme sofort zu beenden – allerdings ohne Erfolg.
Der Klavierabend mit Werken von Brahms, Debussy und Szymanowski habe dennoch ein versöhnliches Ende gefunden, berichtete die Sprecherin weiter. Zimerman sei nach einigen Minuten auf die Bühne zurückgekehrt, habe sich entschul-

10 digt und dem Publikum erklärt, dass illegale Mitschnitte seiner Aufführungen des Öfteren im Internet landeten. Zimerman habe bereits Plattenverträge eingebüßt, weil die Musikunternehmen keine Aufnahmen veröffentlichen wollten, die bereits im Internet zu hören seien.

Nach: http://www.n-tv.de/ [16.09.2013]

**b** Sammle und bewerte eigene Pro- und Kontra-Argumente für und gegen den Standpunkt bzw. die Standpunkte der Autorin.

| Pro | Bewertung (++ / + / −) |
|---|---|
| | |
| | |
| | |
| | |
| | |
| | |
| | |
| | |

| Kontra | Bewertung (++ / + / −) |
|---|---|
| | |
| | |
| | |
| | |
| | |
| | |
| | |
| | |

**3** Wäge sämtliche Argumente ab und formuliere deinen eigenen Standpunkt zum behandelten Problem.

*Ich stimme der Meinung der Autorin zu / nicht zu und meine, dass*

_____

_____

_____

_____

_____

_____

_____

**Einen Textentwurf schreiben**

**4** Schreibe einen vollständigen Entwurf deiner Erörterung in dein Heft.

**a** Nenne in der Einleitung die Textsorte, den Titel, die Autorin und die Quelle. Formuliere das angesprochene Problem und fasse den Standpunkt (bzw. die Standpunkte) der Autorin zusammen.
*Im Webartikel … von …*

**TIPP**
Achte auf korrektes Zitieren.

**b** Schreibe den Hauptteil, in dem du dich mit den Argumenten der Autorin kritisch (kontrovers) auseinandersetzt.
*Zuerst möchte ich festhalten, …*
*Außerdem …*

**c** Formuliere den Schluss der Erörterung. Lege deine Meinung (deinen Standpunkt) dar. Sprich gegebenenfalls eine Empfehlung aus und/oder halte offene Fragen fest.
*Nachdem ich das Für und Wider dargestellt habe, …*

**5**

**Den Textentwurf überarbeiten**

**a** Überarbeite deinen Entwurf. Achte besonders auf die Anordnung der Argumente und die Satzverknüpfung. Überprüfe alle Quellenangaben.

**b** Schreibe die Endfassung deiner Erörterung.

**TIPP**
Nutze ggf. die Checkliste von S.7.

# Erzählen

### Eindrücke wiedergeben – Schildern

**Eine Schilderung planen**

**1** Schließe die Augen und stelle dir eine Achterbahnfahrt vor (vom Einsteigen in den Wagen bis zum Ende der Fahrt).

**a** Notiere mögliche Eindrücke und Gefühle. Verwende Nomen/Substantive.

*Was sieht man? Streckenverlauf,* _____

_____

*Was hört man?* _____

_____

*Was riecht man?* _____

_____

*Was fühlt man?* _____

_____

*Woran erinnerst du dich?* _____

_____

**b** Suche zu ausgewählten Nomen/Substantiven treffende Adjektive und stelle sie ihnen voran.

*verschlungener Streckenverlauf,* _____

_____

_____

_____

**c** Notiere ausdrucksstarke Synonyme für das Wort *fahren* zur Beschreibung der Fahrt.

*rasen, stürzen,* _____

_____

_____

_____

**d** Formuliere bildhafte Vergleiche und/oder Metaphern, um Gedanken, Gefühle und Wahrnehmungen während der Fahrt zu veranschaulichen.

*der Sicherungsbügel drückt wie eine riesige Faust,*

_____

_____

_____

_____

**TIPP**
Markiere zunächst mit unterschiedlichen Farben.

**2** Ordne und ergänze deine Notizen aus Aufgabe 1. Entscheide, welche Begriffe und Formulierungen du an welcher Stelle deiner Schilderung verwenden möchtest. Nutze folgende Gliederungspunkte.

beim Einstieg – bei der Auffahrt auf den ersten Gipfel – während der Fahrt – am Ende der Fahrt

_____

_____

_____

_____

_____

_____

_____

_____

_____

_____

_____

_____

**Einen Entwurf schreiben und überarbeiten**

**3** Schreibe mithilfe deiner Aufzeichnungen einen Entwurf der Schilderung in dein Heft. Überarbeite anschließend deinen Entwurf und schreibe die Endfassung.

# Mitteilungen verfassen

## Leserbriefe schreiben

**!** In einem **Leserbrief** setzt man sich kritisch mit einem Artikel in einer Zeitung oder Zeitschrift auseinander und formuliert eine **schriftliche Stellungnahme** zum behandelten Problem. Er enthält dieselben **Bestandteile** wie eine textbezogene Erörterung:
- Einleitung: Nennen des Artikels (Titel, Verfasserin/Verfasser, Quelle) sowie des behandelten Problems und des dargestellten Standpunkts
- Hauptteil: kritisches (kontroverses) Auseinandersetzen mit den angeführten Argumenten, Darstellen eigener Argumente
- Schluss: Formulieren eines eigenen Standpunkts (Zustimmung, Ablehnung, Kompromiss), gegebenenfalls Empfehlungen und/oder offene Fragen

**Einen Leserbrief planen**

**1** Schreibe einen Leserbrief zu folgendem Zeitungsartikel.

**a** Lies den Artikel und formuliere das angesprochene Problem als Frage.

**Bedürftige sollen in Erfurt für Bibliotheksausweis zahlen**
Selbst die Inhaber von Sozialausweisen sollen künftig in der Stadt- und Regionalbibliothek zur Kasse gebeten werden. Fünf Euro pro Jahr müssten die etwa 1000 Bedürftigen, die jetzt bereits das Angebot der Bücherei nutzen, zahlen, wenn die Stadtverwaltung so an der Gebührenschraube drehen darf, wie sie jetzt vorgeschlagen
5 hat.
Nicht nur in der Bibliothek will die Stadt zusätzliche Einnahmen zusammenkratzen und so auf Dauer den Haushalt entlasten. [...]
Merklich steigende Einnahmen werde [...] die Erhöhung der Büchereigebühren kaum bringen, befürchtet Eberhardt Kusber, Leiter der Stadt- und Regionalbiblio-
10 thek. Eher rechnet er damit, dass die Nutzerzahlen zunächst sinken, wenn die neue Gebührensatzung in Kraft tritt. Derzeit seien etwa 18 000 Erfurter zu einem Jahresbeitrag von 15 Euro als Nutzer registriert. Nach dem Entwurf der Stadtverwaltung würde das Jahresticket zukünftig 20 Euro kosten.
Noch ist keine der [...] Gebührenerhöhungen schon beschlossen. [...] In den Fraktio-
15 nen ist man sich bislang nicht einig, ob die Bürger in dieser Weise belastet werden können, wie es die Stadtverwaltung vorschlägt. [...]

*Timo Götz*

Nach: Thüringer Allgemeine, 29.06.2013, S. TBTH4.

*Problem:*

**b** Der Standpunkt des Verfassers wird nur indirekt deutlich. Unterstreiche Formulierungen, die Aufschluss über seine Meinung zur Gebührenerhöhung geben.

**c** Markiere im Zeitungsartikel Pro- und Kontra-Argumente in unterschiedlichen Farben.

**d** Notiere stichpunktartig eigene Pro- und Kontra-Argumente für und gegen die geplante Gebührenerhöhung.

Pro: _____

_____

_____

_____

Kontra: _____

_____

_____

_____

**e** Formuliere deinen eigenen Standpunkt in Form einer Behauptung.

_____

_____

_____

_____

**2** Ein Leserbrief sollte aussagekräftig, aber kurz sein.

**Einen Textentwurf schreiben**

**a** Schreibe einen vollständigen Entwurf deines Leserbriefs in dein Heft. Orientiere dich dabei am Merkkasten auf S. 16. Formuliere auch eine aussagekräftige Überschrift.

**Den Textentwurf überarbeiten**

**b** Überprüfe deinen Text mithilfe der Checkliste und hake ab, was du überprüft hast.

**1** Ist der Text, auf den du dich beziehst, als Quelle genannt? ☐

**2** Wird das Problem des Ausgangstextes klar benannt? ☐

**3** Sind die Standpunkte genau formuliert? ☐

**4** Sind die Argumente aus dem Text wiedergegeben? ☐

**5** Sind die eigenen Argumente geeignet und vollständig, sinnvoll geordnet und gut miteinander verbunden bzw. gegenübergestellt? ☐

**6** Ist dein Text sinnvoll gegliedert (Einleitung, Hauptteil, Schluss)? ☐

**7** Werden die Adressaten des Textes beachtet? ☐

**Die Endfassung schreiben**

**c** Überarbeite deinen Entwurf und schreibe die Endfassung als korrekt gestalteten Leserbrief.

## Offizielle Briefe schreiben

**DJ SOUNDLORD**

*Musik für jeden Anlass*

Max Gemdorf
Bibergasse 19
99084 Erfurt

E-Mail: Dj-Soundlord@Internet.de

Tel. (01 23) 45 67 80

**1** Erbitte bei DJ Soundlord ein Angebot für die musikalische Untermalung eurer Abschlussfeier.

**a** Ordne dem Brief folgende Bestandteile zu. Schreibe sie in die Randspalte.

> Betreffzeile – Ort und Datum – Empfängeradresse – Anrede – Grußformel – Unterschrift – Absenderadresse – Brieftext (Anliegen)

**b** Formuliere den Brief. Überlege, welche Angaben unbedingt enthalten sein sollten.

## Formulare ausfüllen

**a**  Lies die folgende Rechnung.

School's Out Textildruck, Zettelweg 42, 10115 Berlin

Frau
Pauline Muster
Musterstr. 12
01234 Musterhausen

Bitte bei Rückfragen angeben:

| Kunden-Nr. | Rechnungs-Nr. | Rechnungsdatum | Auftrags-Nr. |
|---|---|---|---|
| 92351 | 01255706 | 17. Mai 2015 | 60294856 |

# Rechnung

*Gemäß Ihrer Bestellung vom **17**. Mai **2015** stellen wir Ihnen nachfolgend in Rechnung:*

| Art.-Nr. | Menge | Bezeichnung | MwSt. | Einzelpreis | Gesamtpreis |
|---|---|---|---|---|---|
| T2308 | 24 | T-Shirt: Abschluss Winners | 19% | 7,90 | 189,60 |

|  |  | Zwischensumme: | 189,60 |
|---|---|---|---|
| Nettobetrag: | 153,58 EUR | Versandkosten: | 3,99 |
| MwSt.: | 36,02 EUR | Gesamtbetrag: | 193,59 |

*Lieferdatum gleich Rechnungsdatum.*

Bitte begleichen Sie den Rechnungsbetrag innerhalb der nächsten dreißig Tage durch Überweisung auf unser Bankkonto unter Angabe der Kunden- und Rechnungs-Nr.

Bei einer Zahlung bis zum 23. Mai 2015 abzüglich 2% = 3,87 € Skonto.

*Wir wünschen Ihnen eine erfolgreiche Abschlusszeit und viel Erfolg für Ihre Zukunft!*

Tel. + 49 (0) 33434 / 12 34 6-1
Fax. + 49 (0) 33434 / 12 34 6-90
info@schoolsoutdruck.de
Geschäftsführer: Ralf Kleher
Amtsgericht Berlin HRB 4321

Bankverbindung: CASHBANK
Kto.-Nr.: 556 532 568 (BLZ 690 345 33)
IBAN: DE35 690345330556532568
BIC/SWIFT: CASHDEDB303
USt-ID-Nr. DE 208154711

**b**  Beantworte die Frage: Wer bestellte wann was zu welchem Gesamtpreis?

_____

_____

**2** Kreuze an, ob folgende Aussagen richtig (**r**) oder falsch (**f**) sind.

                                                                       r     f

**1** Auf der Rechnung findet man den Namen und die Anschrift des leistenden Unternehmens und des Leistungsempfängers.    [X] [ ]

**2** Menge und Art der gelieferten Gegenstände werden aufgelistet.    [ ] [ ]

**3** Die Rechnung enthält die Garantiebedingungen.    [ ] [ ]

**4** Die Rechnung fordert den Empfänger zur Zahlung auf.    [ ] [ ]

**5** Bei einer Zahlung bis zum 23. Mai 2015 entfallen die Versandkosten.    [ ] [ ]

**6** Die Rechnung gibt Hinweise zur Ausfüllung der Überweisung.    [ ] [ ]

**7** Die Mehrwertsteuer wird nur als Prozentsatz angegeben, nicht als Betrag.    [ ] [ ]

**8** Der Gesamtbetrag ergibt sich aus dem Nettobetrag, der Mehrwertsteuer und den Versandkosten.    [ ] [ ]

**TIPP**
Bei Online-Überweisungen wird deine IBAN (*International Bank Account Number*) automatisch angegeben.

**3** Fülle das Online-Überweisungsformular zur Begleichung der Rechnung aus. (Du überweist von deinem Konto im Auftrag des Rechnungsempfängers.) Markiere dazu in der Rechnung zunächst alle notwendigen Daten und übertrage diese dann in die Eingabefelder.

Empfänger:

IBAN:                             BIC:

Bei Kreditinstitut:             Betrag in EUR

Verwendungszweck:

oder Kundenreferenz:            Ausführungsdatum (TT.MM.JJJJ)

                                          24.05.2015

IBAN Auftraggeber (Kontoinhaber):     Auftraggeber (Kontoinhaber):

   DE35581644166543857363

Abweichender Auftraggeber:

**4** Stelle dir vor, du ziehst am 23. Juli nach Hamburg, um ab 01. August eine Ausbildung zu beginnen. Du möchtest, dass dir alle Sendungen an die neue Anschrift geschickt werden. Fülle dazu den folgenden Nachsendeauftrag aus.

neue Adresse: 20095 Hamburg, Heinstraße 49, Treppenhaus A
Nachsendefrist: 10 Monate

# Nachsendeauftrag
Bitte in Großbuchstaben ausfüllen

## Auftrag

Nachsendung von
Postsendungen wegen

☐ Umzug
☐ Sterbefall
☐ vorübergehender Abwesenheit
☐ Insolvenz- oder Betreuungsfall

ab (TT.MM.JJJJ) _____
☐ 6 Monate
☐ 12 Monate

☐ Privatkunde
Personalausweis-Nummer

| | | | | | | | | |
|---|---|---|---|---|---|---|---|---|

☐ Geschäftskunde
Kundennummer (falls vorhanden)

| | | | | |
|---|---|---|---|---|

## Auftraggeber

Nachname oder Firma

_____

Vorname

_____

Telefon _____    E-Mail _____

## Bisherige Adresse

Straße _____    Hausnummer _____

PLZ _____    Ort _____

Adresszusätze (falls erforderlich)

_____

## Neue Adresse

Straße _____    Hausnummer _____

PLZ _____    Ort _____

Adresszusätze (falls erforderlich)

_____

## Unterschrift

Datum, Ort _____    Unterschrift _____

**5** Melde die neue Anschrift (s. Aufgabe 4, S. 21) als Zweitwohnsitz an.

# ANMELDUNG

Tagesstempel der Meldebehörde | Amtl. Vermerke

| **Neue Wohnung** | **Bisherige Wohnung** |
|---|---|
| Die neue Wohnung ist | Die bisherige Wohnung war |

☐ alleinige Wohnung ☐ Hauptwohnung ☐ Nebenwohnung ☐ alleinige Wohnung ☐ Hauptwohnung ☐ Nebenwohnung

Einzug am | PLZ, Ort | Auszug am | PLZ, Ort

Straße, Hausnummer, Zusätze | Straße, Hausnummer, Zusätze

Wird die bisherige Wohnung beibehalten?

☐ Nein ☐ Ja, und zwar als ☐ Hauptwohnung ☐ Nebenwohnung

Familienname
**1. Person**

Familienname
**2. Person**

ggf. Geburtsname | ggf. Geburtsname

Vorname ☐ männl. ☐ weibl. | Vorname ☐ männl. ☐ weibl.

Geburtstag | Geburtsort | Geburtstag | Geburtsort

☐ ledig ☐ Lebenspartnerschaft ☐ Lebenspartnerschaft aufgehoben | ☐ ledig ☐ Lebenspartnerschaft ☐ Lebenspartnerschaft aufgehoben

☐ verheir. ☐ geschied. ☐ verwitwet | ☐ verheir. ☐ geschied. ☐ verwitwet

☐ ev.-luth. ☐ röm.-kath. ☐ sonstige Religionsgemeinschaft/keine/o.A. | ☐ ev.-luth. ☐ röm.-kath. ☐ sonstige Religionsgemeinschaft/keine/o.A.

Staatsangehörigkeit | Staatsangehörigkeit

Eltern minderjähriger Kinder | Vater: Vor- und Familienname | Geburtstag
| Mutter: Vor- und Familienname | Geburtstag

Datum / Unterschrift des Meldepflichtigen

# Prüfungsaufgaben lösen

### Eine Erörterung schreiben

**1** Untersuche folgende Prüfungsaufgaben. Ermittle genau, was sie von dir verlangen. Notiere die Anforderungen als Teilaufgaben in deinem Heft.

**1** *Lästereien schaden dreifach: Demjenigen, der sie spricht, demjenigen, der sie anhört, und demjenigen, den sie betreffen.* Setzen Sie sich erörternd mit dieser Aussage auseinander. Berücksichtigen Sie dabei Ihre eigenen Erfahrungen.

**2** *Reizüberflutung durch Mediennutzung?* Erörtern Sie die Frage unter Einbeziehung der Texte. Formulieren Sie Ihren Standpunkt und begründen Sie ihn.

### Mit dem Zweiten sieht man mehr

[...] Eine Studie belegt: Die Mehrheit der deutschen Zuschauer benutzt beim Fernsehen einen Second Screen, mit dem sie nebenher im Internet surft.

Die Onlinebefragung hat ergeben, dass 56 Prozent der Nutzer einen zweiten Bildschirm vor Augen haben. „Der hohe Wert zeigt, wie die mobilen Endgeräte
5 die Mediennutzung revolutionieren", sagt Susanne Fittkau vom Marktforschungsinstitut Fittkau & Maaß Consulting. [...] „Keiner gönnt sich noch die Ruhe, sich nur auf eine Sache zu konzentrieren. Die Freizeit ist uns zu knapp, um einfach bloß fernzusehen."

Fittkaus Studie zufolge checken die meisten Zuschauer nebenbei ihre
10 E-Mails, surfen auf Websites, spielen. Jeder Zehnte reagiert auf das laufende Fernsehprogramm: Wir rufen ein paar Zusatzinformationen in der Mediathek ab, lösen per Wikipedia-Joker die Millionenfrage und googeln, warum einem der Nebendarsteller aus der neuen US-Serie so bekannt vorkommt. [...] „Die Reize sind insgesamt gestiegen, erst durch die Vielzahl an Sendern, jetzt
15 durch den Second Screen", meint Jürgen Sewczyk, Vorstandsmitglied der Deutschen TV-Plattform. Das Phänomen passe in unsere Medienlandschaft, wir lösen damit unsere Ruhephasen nach und nach auf, mehr Stress und Erschöpfung sind die typische Folge.

„Trotzdem sind wir die Reizüberflutung gewohnt", sagt der Medienberater.
20 „Wir können auch abschalten, wenn es uns zu viel wird. [...]"

*Philipp Brandstädter*

Aus: http://www.taz.de/!111589/ [18.09.2013]

### Fernsehen und Computerarbeit gleichzeitig geht nicht

Das Nebenbei-Fernsehen lenkt mehr ab als bisher gedacht. Wer glaubt, seine Aufmerksamkeit zwischen Computer und Fernseher gut verteilen zu können und effektiv beide Informationen aufzunehmen, betrügt sich selbst. Wie eine US-Studie zeigt, sind Menschen weit mehr abgelenkt und wechseln deutlich häufiger zwi-
5 schen beiden Medien, als von den Forschern erwartet.

Die Teilnehmer der Studie verlagerten ihre Aufmerksamkeit rund 120 Mal in einer halben Stunde. Zudem waren sie sich dessen nicht einmal bewusst, berichten die Wissenschaftler [...]. Ihre Ergebnisse bestätigen die Befürchtungen von Eltern, ihr Nachwuchs könne sich bei laufendem Radio oder Fernsehen nicht auf die Hausauf-
10 gaben konzentrieren. [...]

Aus: http://www.welt.de/wissenschaft/ [18.09.2013]

## Eine Schilderung schreiben

**1** Untersuche folgende Prüfungsaufgaben.

**a** Ermittle genau, was sie von dir verlangen. Markiere dazu die Schlüsselbegriffe.

**1** „Unsere Fehlschläge sind oft erfolgreicher als unsere Erfolge." (Henry Ford) Wahrscheinlich haben Sie Ähnliches schon erlebt. Schildern Sie ausführlich einen lehrreichen Misserfolg und dessen Nutzen für Ihr Leben.

**2** „Was dein Feind nicht wissen soll, das sage deinem Freunde nicht." (Arthur Schopenhauer) Schildern Sie Ihre Erfahrungen mit dieser Aussage.

**3** Schildern Sie, ausgehend von folgender Anzeige, ausführlich Ihre Gedanken und Gefühle zum Thema „Tierversuche".

Foto: Ulrich Hoppe

**b** Notiere dir Anforderungen als Teilaufgaben in dein Heft.

**2** Wähle dir je eine der Aufgaben von S. 23–24 aus und bearbeite sie in deinem Heft.

### Einen Leserbrief schreiben

**a** Notiere dir Anforderungen der folgenden Prüfungsaufgabe als Teilaufgaben in dein Heft.

**TIPP**
Achte auf die Verbformen im Imperativ.

Laut einer Unicef-Studie aus dem Jahr 2013 ist jeder siebte deutsche Jugendliche unzufrieden. Eine Tageszeitung startete deswegen eine Umfrage zum Thema: „Jammert die Jugend auf hohem Niveau?". Einige der Meinungen können Sie der Abbildung entnehmen.
Schreiben Sie einen Leserbrief, in dem Sie sich erörternd mit dieser Frage auseinandersetzen. Gehen Sie dabei auch auf die in den Antworten angesprochenen Aspekte ein.

**b** Schreibe den Leserbrief.

# Mit literarischen Texten umgehen

## Mit epischen Texten umgehen

**!** Das Ziel einer **Interpretation** ist es, mögliche Aussagen eines literarischen Textes herauszuarbeiten, d. h., den **Text** zu **deuten**. Diese Deutungen müssen mithilfe von Textstellen (Zitaten) belegt werden. Eine Textinterpretation schreibt man im **Präsens**. Sie sollte folgende **Bestandteile** aufweisen:

* Einleitung: Name der Autorin / des Autors, evtl. biografische Daten, Textsorte, Titel, Thema sowie erster Eindruck vom Text
* Hauptteil: Formulieren einer Interpretationshypothese, Inhaltsangabe, Darstellung und Deutung von Besonderheiten der Handlungs-, Orts-, Zeit- und Figurengestaltung, der Erzählperspektive, besonderer sprachlicher Mittel und deren Wirkung
* Schluss: Zusammenfassung des Interpretationsergebnisses, z. B. Bezug zum eigenen Leben

**TIPP**
Informiere dich über Bertolt Brecht und seine Keuner-Geschichten im Internet.

**1** Interpretiere den folgenden Text von Bertolt Brecht (1898–1956).

**a** Lies die Parabel, die 1948–1949 in den „Geschichten vom Herrn Keuner" veröffentlicht wurde.

### Wenn die Haifische Menschen wären

„Wenn die Haifische Menschen wären", fragte Herrn K. die kleine Tochter seiner Wirtin, „wären sie dann netter zu den kleinen Fischen?" „Sicher", sagte er. „Wenn die Haifische Menschen wären, würden sie im Meer für die
5 kleinen Fische gewaltige Kästen bauen lassen, mit allerhand Nahrung drin, sowohl Pflanzen als auch Tierzeug. Sie würden sorgen, daß die Kästen immer frisches Wasser hätten, und sie würden überhaupt allerhand sanitäre Maßnahmen treffen. Wenn zum Beispiel ein Fischlein sich eine Flosse verlet-
10 zen würde, dann würde ihm sogleich ein Verband gemacht, damit es den Haifischen nicht wegstürbe vor der Zeit. Damit die Fischlein nicht trübsinnig würden, gäbe es ab und zu große Wasserfeste; denn lustige Fischlein schmecken besser als trübsinnige. Es gäbe natürlich auch Schulen in den Kästen. In diesen Schulen würden die Fischlein lernen, wie man in den Rachen der Haifische schwimmt. Sie
15 würden zum Beispiel Geographie brauchen, damit sie die großen Haifische, die faul irgendwo liegen, finden könnten. Die Hauptsache wäre natürlich die moralische Ausbildung der Fischlein. Sie würden unterrichtet werden, daß es das Größte und Schönste sei, wenn ein Fischlein sich freudig aufopfert, und daß sie alle an die Haifische glauben müssten, vor allem, wenn sie sagten, sie würden für eine schöne Zu-
20 kunft sorgen. Man würde den Fischlein beibringen, daß diese Zukunft nur gesichert ist, wenn sie Gehorsam lernten. Vor allen niedrigen, materialistischen, egoistischen und marxistischen Neigungen müßten sich die Fischlein hüten und es sofort den Haifischen melden, wenn eines von ihnen solche Neigungen verriete. Wenn die Haifische Menschen wären, würden sie natürlich untereinander Kriege führen, um
25 fremde Fischkästen und fremde Fischlein zu erobern. Die Kriege würden sie von ihren eigenen Fischlein führen lassen. Sie würden die Fischlein lehren, daß zwischen ihnen und den Fischlein der anderen Haifische ein riesiger Unterschied bestehe.

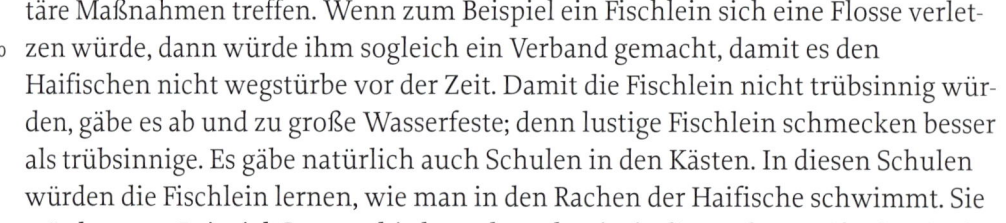

Die Fischlein, würden sie verkünden, sind bekanntlich stumm, aber sie schweigen in ganz verschiedenen Sprachen und können einander daher unmöglich verstehen.

30 Jedem Fischlein, das im Krieg ein paar andere Fischlein, feindliche, in einer anderen Sprache schweigende Fischlein tötete, würden sie einen kleinen Orden aus Seetang anheften und den Titel Held verleihen. [...] Übrigens würde es auch aufhören, wenn die Haifische Menschen wären, daß alle Fischlein, wie es jetzt ist, gleich sind. Einige von ihnen würden Ämter bekommen und über die anderen gesetzt werden. Die ein

35 wenig größeren dürften sogar die kleineren auffressen. Das wäre für die Haifische nur angenehm, da sie dann selber öfter größere Brocken zu fressen bekämen. Und die größeren, Posten habenden Fischlein würden für die Ordnung unter den Fischlein sorgen, Lehrer, Offiziere, Ingenieure im Kastenbau usw. werden. Kurz, es gäbe überhaupt erst eine Kultur im Meer, wenn die Haifische Menschen wären." ☐R

**b** Formuliere deine ersten Eindrücke vom Text.

_____

_____

_____

**c** Überprüfe, ob folgende Merkmale auf den Text in Aufgabe a zutreffen.

Eine Parabel ist eine kurze lehrhafte Erzählung, die moralische und ethische Fragen aufwirft. Das vordergründig dargestellte Geschehen hat eine übertragene, symbolische Bedeutung, die von den Leserinnen/Lesern erkannt werden muss.

**Einen Text analysieren**

**2** Analysiere die Parabel von Bertolt Brecht.

**a** Fasse kurz zusammen, worum es im Text geht.

_____

_____

_____

_____

_____

**b** Nenne die auftretenden Figuren und notiere, was du über sie erfährst.

_____

_____

_____

_____

_____

c Untersuche den Gesprächsverlauf. Gliedere den Text dafür in thematische Abschnitte und notiere Teilüberschriften.

_____

_____

_____

_____

_____

_____

d In der Parabel hat das dargestellte Geschehen eine übertragene, symbolische Bedeutung. Trage in die Tabelle drei weitere Beispiele aus dem Text ein.

| Verhalten der Haifische | Bedeutung in Bezug auf den Menschen |
|---|---|
| – Unterbringung der kleinen Fische in Kästen mit viel Nahrung | – Gefangenhaltung von Menschen, um sie kontrollieren zu können |
| | |
| | |
| | |
| | |
| | |
| | |
| | |

**TIPP**
Wiederhole deine
Kenntnisse über
Stilmittel.

**e**  Untersuche die sprachlichen Besonderheiten im Text und notiere sie mit jeweils einem Beispiel.

_____

_____

_____

_____

_____

_____

**Textstellen interpretieren**

**TIPP**
Achte auf korrektes
Zitieren.

**3**

**a**  Wähle dir wichtig erscheinende Textstellen aus und formuliere dazu Deutungsansätze.

_____

_____

_____

_____

_____

_____

_____

_____

_____

_____

_____

_____

_____

_____

_____

**b** Die am Anfang gestellte Frage wird zum Schluss indirekt beantwortet. Formuliere diese Antwort und begründe sie.

_____

_____

_____

_____

_____

_____

**c** Formuliere eine Interpretationshypothese zum Gesamttext. Wenn du weitere Hilfen brauchst, bearbeite die Aufgabe d.

_____

_____

_____

**d** Lies folgende Interpretationshypothese zum Gesamttext und überlege, ob du ihr zustimmen kannst. Begründe deine Antwort.

In der Parabel bringt Bertolt Brecht seine Sicht auf die menschliche Gesellschaft zum Ausdruck.

_____

_____

_____

_____

_____

_____

**Eine Textinterpretation verfassen**

**4**

**a** Schreibe in deinem Heft einen Interpretationsentwurf zur Parabel von Bertolt Brecht „Wenn die Haifische Menschen wären".

**b** Überarbeite den Entwurf. Achte dabei besonders auf sachliche und treffende Formulierungen, geeignete Zitate und persönliche Wertungen.

**c** Schreibe die Endfassung deiner Interpretation.

## Mit lyrischen Texten umgehen

**!** Das Ziel der **Interpretation eines lyrischen Textes** ist es, den **Text** zu **deuten** und diese Deutung mithilfe von Textstellen (Zitaten) zu belegen.

Eine Textinterpretation sollte folgende **Bestandteile** aufweisen:

- **Einleitung:** Name der Autorin / des Autors, evtl. biografische Daten, Gedichtform (z. B. konkrete Poesie, Ballade, Lied), Titel, Entstehungszeit, Thema sowie erster Eindruck vom Text
- **Hauptteil:** Formulieren einer Interpretationshypothese, Inhaltsangabe, Darstellung und Deutung von Besonderheiten der inhaltlichen und formalen Gestaltung sowie besonderer sprachlicher Mittel und deren Wirkung
- **Schluss:** Zusammenfassung des Interpretationsergebnisses, des eigenen Leseeindrucks

**1** Bereite eine Interpretation des Gedichts „Die Stadt" von Theodor Storm (1817– 1888) vor. Lies das Gedicht und notiere in der Randspalte deine ersten Gedanken dazu, z. B. wie es auf dich wirkt oder welche Grundstimmung ausgedrückt wird.

**TIPP**
Recherchiere das Leben und Wirken von Theodor Storm.

### Die Stadt

Am grauen Strand, am grauen Meer
Und seitab liegt die Stadt;
Der Nebel drückt die Dächer schwer,
Und durch die Stille braust das Meer
5 Eintönig um die Stadt.

Es rauscht kein Wald, es schlägt im Mai
Kein Vogel ohn Unterlass;
Die Wandergans mit hartem Schrei
Nur fliegt in Herbstesnacht vorbei,
10 Am Strande weht das Gras.

Doch hängt mein ganzes Herz an dir,
du graue Stadt am Meer;
Der Jugend Zauber für und für
Ruht lächelnd doch auf dir, auf dir,
15 du graue Stadt am Meer.

(1852)

**Ein Gedicht analysieren**

**2** Analysiere das Gedicht gründlich.

**a** Bestimme das Thema des Gedichts.

_____

_____

**TIPP**
Wiederhole die Gattungsbesonderheiten lyrischer Texte.

**b** Untersuche, wer spricht und wie sich das lyrische Ich fühlen könnte. Untersuche, welche Gedanken (und Gefühle) des lyrischen Ichs in den einzelnen Strophen dargestellt werden.

_____

_____

_____

_____

_____

_____

_____

_____

_____

_____

_____

_____

**TIPP**
Achte auf Verse, Strophen, Reime.

**c** Suche formale Besonderheiten des Gedichts und schreibe sie auf.

_____

_____

_____

_____

_____

**TIPP**
Wiederhole deine Kenntnisse über Stilmittel.

**d** Untersuche die stilistischen Mittel im Gedicht und schreibe sie mit je einem Beispiel heraus.

**e** Überlege, welchen Einfluss diese Mittel auf den Inhalt und die Wirkung des Gedichts haben. Notiere deine Ergebnisse in Stichpunkten.

**Textstellen inter-
pretieren**

**TIPP**
Achte auf korrektes
Zitieren.

**3**

**a** Wähle Textstellen aus, die für dich besonders bedeutsam sind, und formuliere
Deutungsmöglichkeiten.

_____

_____

_____

_____

_____

_____

_____

_____

_____

**b** Fasse zusammen, wie das Gedicht als Ganzes auf dich wirkt. Formuliere eine Interpretationshypothese.

_____

_____

_____

_____

_____

_____

_____

_____

_____

_____

_____

**4**

**Einen Entwurf
schreiben**

**a** Schreibe in deinem Heft den Entwurf einer Interpretation des Gedichts aus Aufgabe 1 (S. 31). Orientiere dich am Merkkasten.

**Den Entwurf
überarbeiten**

**b** Überarbeite deinen Entwurf und schreibe die Endfassung.

## Mit dramatischen Texten umgehen

**!**

Die **Interpretation einer Dramenszene** sollte folgende **Bestandteile** aufweisen:
- Einleitung: Angaben zu Autorin/Autor, evtl. biografische Daten, Titel, Thema, Art des Schauspiels, Entstehungszeit, Nennen der Szene
- Hauptteil: Formulieren einer Interpretationshypothese, Inhaltsangabe, Figurenkonstellation, Darstellung und Deutung von Besonderheiten der inhaltlichen und formalen Gestaltung sowie besonderer sprachlicher Mittel und deren Wirkung
- Schluss: Zusammenfassung des Interpretationsergebnisses, Bedeutung der Aussage in der heutigen Zeit

**❶** Bereite eine Interpretation der folgenden Dramenszene aus „Kabale und Liebe" von Friedrich Schiller (1759–1805) vor.

**a** Lies den Auszug aus dem Drama „Kabale und Liebe".

### Erster Akt, Vierte Szene
*Ferdinand von Walter. Luise. Er fliegt auf sie zu – sie sinkt entfärbt und matt auf einen Sessel – er bleibt vor ihr stehn – sie sehen sich eine Zeitlang stillschweigend an. Pause.*
**Ferdinand:** Du bist blass, Luise?
**Luise** *steht auf und fällt ihm um den Hals:* Es ist nichts. Nichts. Du bist ja da. Es ist vor
5   über.
**Ferdinand** *ihre Hand nehmend und zum Munde führend:* Und liebt mich meine Luise noch? Mein Herz ist das gestrige, ist's auch das deine noch? Ich flieg nur her, will sehn, ob du heiter bist, und gehn und es auch sein – Du bist's nicht.
**Luise:** Doch, doch, mein Geliebter.
10   **Ferdinand:** Rede mir Wahrheit. Du bist's nicht. Ich schaue durch deine Seele wie durch das klare Wasser dieses Brillanten. *Er zeigt auf seinen Ring.* [...] Weiß ich nur diesen Spiegel helle, so läuft keine Wolke über die Welt. Was bekümmert dich?
**Luise** *sieht ihn eine Weile stumm und bedeutend an, dann mit*
15   *Wehmut:* Ferdinand! Ferdinand! Dass du doch wüsstest, wie schön in dieser Sprache das bürgerliche Mädchen sich ausnimmt –
**Ferdinand:** Was ist das? *Befremdet.* Mädchen! Höre! Wie kommst du auf das? – Du bist meine Luise. Wer sagt dir, dass
20   du noch etwas sein solltest? [...] Wärst du ganz nur Liebe für mich, wann hättest du Zeit gehabt, eine Vergleichung zu machen? [...] Schäme dich! Jeder Augenblick, den du an diesen Kummer verlorst, war deinem Jüngling gestohlen.
**Luise** *fasst seine Hand, indem sie den Kopf schüttelt:* Du willst
25   mich einschläfern, Ferdinand – willst meine Augen von diesem Abgrund hinweglocken, in den ich ganz gewiss stürzen muss. Ich seh in die Zukunft – die Stimme des Ruhms – deine Entwürfe – dein Vater – mein Nichts. *Erschrickt und lässt plötzlich seine Hand fahren.* Ferdinand! ein Dolch über dir und mir!
30   – Man trennt uns!
**Ferdinand:** Trennt uns! *Er springt auf.* Woher bringst du diese Ahndung, Luise? Trennt uns? – Wer kann den Bund zwoer Herzen lösen oder die Töne eines Akkords auseinanderrei

Berliner Ensemble, 2013

35 ßen? – Ich bin ein Edelmann – Lass doch sehen, ob mein Adelbrief älter ist als der Riss zum unendlichen Weltall? oder mein Wappen gültiger als die Handschrift des Himmels in Luisens Augen: Dieses Weib ist für diesen Mann? – Ich bin des Präsidenten Sohn. [...]

**Luise**: Oh, wie sehr fürcht ich ihn – Diesen Vater!

**Ferdinand**: Ich fürchte nichts – nichts – als die Grenzen deiner Liebe. Lass auch

40 Hindernisse wie Gebirge zwischen uns treten, ich will sie für Treppen nehmen und drüber hin in Luisens Arme fliegen. [...] Also nichts mehr von Furcht, meine Liebe. [...] *Sie zärtlich umfassend.* [...]

**Luise** *drückt ihn von sich, in großer Bewegung:* Nichts mehr! Ich bitte dich, schweig! – Wüsstest du – Lass mich – du weißt nicht, dass deine Hoffnungen mein Herz

45 wie Furien anfallen. *Will fort.*

**Ferdinand** *hält sie auf:* Luise? Wie! Was! Welche Anwandlung?

**Luise**: Ich hatte diese Träume v e r g e s s e n  und war glücklich – Jetzt! Jetzt! Von h e u t  an – der Friede meines Lebens ist aus [...] Geh – Gott vergebe dir's! – Du hast den Feuerbrand in mein junges friedsames Herz geworfen, und er wird

50 nimmer, nimmer gelöscht werden. *Sie stürzt hinaus.*

*Er folgt ihr sprachlos nach.*

**b** Notiere deine ersten Eindrücke von der Szene.

_____

_____

_____

_____

_____

**Eine Dramenszene analysieren**

**2** Analysiere die Dramenszene.

**a** Gib den Inhalt des Gesprächs zwischen Ferdinand und Luise kurz mit eigenen Worten wieder.

_____

_____

_____

_____

_____

_____

_____

**b** Analysiere die Probleme, welchen sich Luise ausgesetzt sieht. Lies dazu genau im Text nach und notiere deine Ergebnisse.

_____

_____

_____

_____

_____

_____

_____

_____

**c** Analysiere, wie Ferdinand auf diese Probleme reagiert. Notiere deine Ergebnisse.

_____

_____

_____

_____

_____

**d** Analysiere die Figurenrede Luises und Ferdinands. Nutze dazu deiner Meinung nach geeignete Verben aus der Wortliste.

**WORTLISTE**

fragen – beteuern – betonen – flehen – versichern – beschuldigen – beklagen – sich empören – zurückweisen – ablehnen – vorwerfen – entgegnen – verzweifeln – sich wundern

| Luise | Ferdinand |
|---|---|
| | |
| | |
| | |
| | |
| | |
| | |

**TIPP**
Wiederhole deine
Kenntnisse über
Stilmittel.

**e** Untersuche die stilistischen (sprachlichen) Mittel, die beide Hauptfiguren einsetzen, um ihre Position zu untermauern.

| Luise | Ferdinand |
| --- | --- |
| | |
| | |
| | |
| | |
| | |
| | |
| | |

**f** Charakterisiere Luise und Ferdinand. Beziehe auch die Regieanweisungen in deine Untersuchungen ein. Notiere deine Ergebnisse in Stichpunkten im Heft.

**TIPP**
Informiere dich
über den Inhalt des
Dramas im Lexikon
oder im Internet
und nutze deine Er-
gebnisse aus den
Aufgaben 2 a bis f.

**g** Untersuche die Dramenszene weiter mithilfe der folgenden Fragen. Notiere deine Ergebnisse im Heft.

**1** In welcher Zeit ist das Drama entstanden (literarische Epoche)?
**2** Welche Art des Dramas liegt vor (Komödie, Tragödie)?
**3** Worum geht es in der Szene (zentrales Thema, Handlungsverlauf)?
**4** Was folgt der Szene?
**5** Welche Funktion hat die Szene in Bezug auf das gesamte Drama?
**6** Wo und wann spielt die Handlung (die Szene)?
**7** Welche Figuren spielen eine Rolle? Wie sprechen sie miteinander?
**8** Wie sind die Figuren gestaltet (Charakter, Beziehungen)?
**9** Worin besteht der Konflikt?

**3** Schreibe eine zusammenhängende Interpretation der Dramenszene aus Aufgabe 1 a in dein Heft.

Einen Entwurf
schreiben

**a** Verfasse zunächst einen Entwurf. Orientiere dich dabei am Merkkasten (S. 35).

Den Entwurf
überarbeiten

**b** Überarbeite deinen Entwurf. Achte dabei auf sprachliche Formulierungen und die Verwendung von Zitaten.

Die Endfassung
schreiben

**c** Schreibe anschließend die Endfassung.

# Sachtexte erschließen

## Informationen aus Texten und Grafiken entnehmen

**!**

**Sachtexte** dienen vorrangig der Wissensvermittlung und/oder Meinungsbildung. Sie können:

- **informieren**: Es wird relativ wertneutral über einen Sachverhalt oder ein Geschehen berichtet.
- **appellieren (auffordern)**: Die Leserinnen/Leser werden zu bestimmten Reaktionen veranlasst.
- **werten**: Es wird ein Sachverhalt aus der persönlichen Sicht einer Autorin / eines Autors dargestellt.

Man unterscheidet **kontinuierliche Sachtexte** (Fließtexte) und **diskontinuierliche Sachtexte** (Cluster-Texte, d. h. Texte, die aus verschiedenen Textbausteinen bestehen, z. B. Grafiken, Abbildungen, Tabellen, Textkästen, Fußnoten).

Je nach Leseabsicht (Leseinteresse) oder Leseaufgabe muss eine **Lesestrategie** ausgewählt werden:

- überfliegendes (orientierendes) Lesen,
- vollständiges Erschließen oder
- Lesen unter bestimmten Fragestellungen bzw. Aspekten.

**1** Du benötigst für einen Vortrag Aussagen und Fakten zum Thema „Mobbing im Internet".

**a** Überfliege den Text und bewerte, ob er dazu Informationen enthält.

### Bloßgestellt – vor den Augen aller

*Jeder sechste Schüler hat einer neuen Studie zufolge schon Cybermobbing erlebt / Die Sensibilität für das Problem wächst.*

**Köln** (dpa). Es muss nicht das üble Handyvideo sein, das ins Internet gestellt wird. Es reicht eine E-Mail oder ein Eintrag im sozialen Netzwerk – gespickt mit Beleidi-
5 gungen und unwahren Behauptungen. Cybermobbing, das „Sich-fertig-machen-im-Netz", ist unter Kindern und Jugendlichen weit verbreitet. Es gehört zum Alltag vieler Kinder und Jugendlicher in Deutschland, wie eine am Donnerstag vorgestellte Studie untermauert. [...]

„Mädchen werden gerne in die Schmuddelecke gestellt, als Schlampe diffamiert",
10 sagt Soziologin und Psychologin Catarina Katzer, Mitautorin der jetzt präsentierten umfassenden Studie zum Thema Mobbing im Netz. „Jungen werden oft als ,Homosau' fertiggemacht. [...]", schildert die Forscherin eines Kölner Instituts für Cyberpsychologie.

Katzer, die auch Mitbegründerin des Bündnisses gegen Cybermobbing ist, betont:
15 „Das Cybermobbing kann viel schlimmer und dramatischer sein als Mobbing auf dem Schulhof im kleinen Kreis. Früher fühlten sich die Opfer zu Hause sicher. Aber heute gibt es keinen Schutzraum mehr. Die Cybermobber kommen ins Kinderzimmer." Der Terror laufe oft über einen langen Zeitraum.

Etwa jeder sechste Schüler hat in der repräsentativen Erhebung angegeben, schon
20 einmal Opfer gewesen zu sein. Fast ebenso viele bekennen, dass sie bereits Täter waren. Das Phänomen Cybermobbing ist alles andere als ein Randthema, es betrifft viele, kommt in allen Schulformen und schon ab dem Grundschulalter vor. Andere Studien waren zuvor zu dem Ergebnis gekommen, dass ein Viertel oder sogar ein

Drittel aller Schüler in Deutschland schon mal Cybermobbing erlebt hat. „Das
25 Schamgefühl, das Verletztsein ist so schlimm wegen der großen Öffentlichkeit",
weiß Katzer. Sogar vermeintlich gelöschte, bloßstellende Fotos von Partys tauchen
irgendwo anders plötzlich wieder auf – manchmal Jahre später. „Das macht die Opfer so hilflos und schutzlos. Sie fühlen sich blamiert, verlieren das Vertrauen, wollen die Schule wechseln, auch ihr Freundschaftsbegriff ändert sich mitunter."
30 Die Sensibilität für das Problem ist gewachsen, stellt auch Psychologin Stephanie
Pieschl von der Uni Münster fest. „Immer mehr Jugendliche, Eltern, Lehrer und Pä-
dagogen kennen den Begriff." Die Schulen sollten beherzt ran an das Problem: „Die
Schule ist der ideale Ort, besonders präventiv dagegen vorzugehen."
Pieschl zufolge kommt das Mobben via Foto und Video zwar vergleichsweise selten
35 vor, belastet die Jugendlichen aber besonders stark. Auch der Verrat von Geheim-
nissen kränke und verletze. „Viele berichten von Wut, Verzweiflung oder ähnlichen
emotionalen Folgen und einige von ernsten psychischen Folgen – depressiven oder
suizidalen Gedanken – oder psychosomatischen Problemen." Drastische Einzel-
fälle, als sich völlig verzweifelte Jungen und Mädchen nach anhaltenden Attacken
40 das Leben nahmen, haben in vielen Ländern aufgeschreckt.
Die jugendlichen Opfer allein können es nicht schaffen, betont Katzer. „Die Kids
sind heute in Sachen Internet zwar im Handling sehr fit, aber ihnen fehlt die Le-
benserfahrung." [...]
In der Praxis zeige sich, dass Freunde und Eltern wichtige Stützen für die Opfer sein
45 können. „Ein erfolgreicher Ansatz sind die jugendlichen Mobbingberater, also ältere Schüler, die Jüngeren zum Beispiel erklären, was passieren kann, wenn man
ein Bikini-Foto postet." Zu tun gibt es noch viel, betont die Expertin: „Das Thema
wird uns alle noch richtig lange beschäftigen und fordern."

Aus: Badische Zeitung, 17.05.2013.

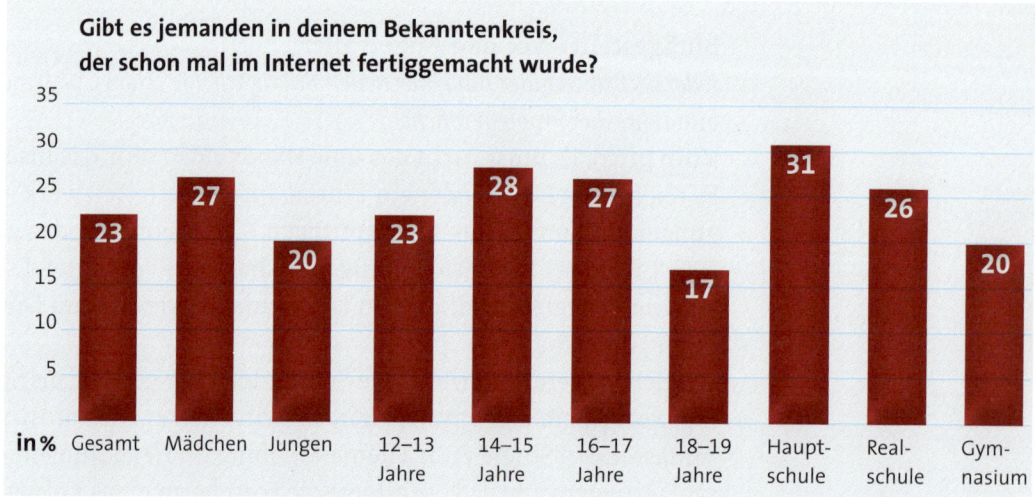

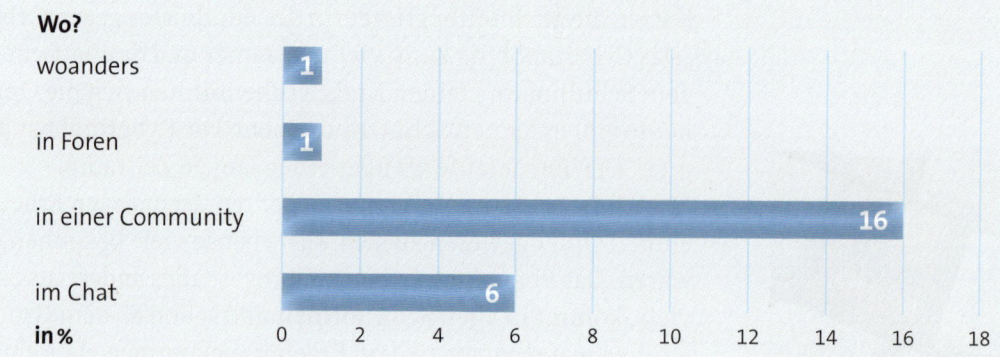

*Diagramme aus:* Feierabend, Sabine; Rathgeb, Thomas: JIM-Studie 2012: Jugend, Information, (Multi-)Media. Basisuntersuchung zum Medienumgang 12- bis 19-Jähriger. Herausgegeben vom Medienpädagogischen Forschungsverbund Süd-west. Stuttgart, 2012, S. 39. (http://www.mpfs.de).

Basis: Internetnutzer, n=1182

**b** Suche im Text die Erklärung für den Begriff *Cybermobbing* und die Arten, wie Mobbing begangen wird.

_____

_____

_____

_____

_____

**c** Beantworte folgende Fragen mithilfe des Textes.

**1** Warum gehört das Cybermobbing bereits zum Alltag von Kindern und Jugendlichen in Deutschland?

_____

_____

_____

_____

**2** Warum ist das Cybermobbing schlimmer als Mobbing auf dem Schulhof?

_____

_____

_____

_____

**3** Welche Art des Mobbings belastet Kinder und Jugendliche besonders stark?

_____

_____

**4** Wozu führt das Cybermobbing bei den Opfern?

_____

_____

_____

_____

**d** Entscheide, ob die folgenden Aussagen richtig (**r**) oder falsch (**f**) sind, und kreuze an.

|  | r | f |
|---|---|---|
| **1** Jeder sechste Schüler wird im Internet gemobbt. | X | |
| **2** Genauso hoch ist die Täterquote. | | |
| **3** Das Problem des Cybermobbings wird allgemein überbewertet. | | |
| **4** Das Problem des Cybermobbings ist hinlänglich bekannt. | | |
| **5** Das Problem des Cybermobbings wird in den nächsten Jahren noch zunehmen. | | |

**e** Belege mit je einer Textstelle, dass der Text informiert, appelliert und wertet.

_____

_____

_____

_____

_____

**2**

**a** Erkläre, welche Aussagen mit den Diagrammen veranschaulicht werden.

_____

_____

_____

_____

**b** Erschließe die Diagramme. Beantworte dazu folgende Fragen in Stichpunkten.

**1** Wer ist prozentual mehr von Cybermobbing betroffen?

_____

**2** In welchem Alter kommt Cybermobbing am häufigsten vor?

_____

**3** In welcher Schulform ist Cybermobbing am meisten verbreitet?

_____

**4** Wo kommt es am häufigsten zu Cybermobbing?

_____

## Textbeschreibungen zu Sachtexten verfassen

**!** In einer **Textbeschreibung** werden Ergebnisse der Textanalyse zusammenhängend dargestellt. Sie sollte folgende **Bestandteile** aufweisen:

- Einleitung: Quelle, Autorin/Autor, Herausgeberin/Herausgeber, Titel, Thema des Textes
- Hauptteil: Aussagen zum **Aufbau** des Textes (z.B. äußerlich erkennbare Gliederung, Textbestandteile, Funktion und Anordnung), zum **Inhalt** des Textes (z.B. Thema, Intention und Standpunkt der Autorin / des Autors, Hauptaussage, Thesen, Argumente), zur **Textfunktion**, zu **sprachlichen Besonderheiten** und ihrer Wirkung
- Schluss: z.B. Bewertung von Inhalt und Darstellungsweise des Textes, eigene Meinung zum im Text Dargestellten

**Eine Textbeschreibung planen**

**1** Verfasse eine Textbeschreibung zum Text von Aufgabe 1 a (S.39).

**a** Trage die folgenden Angaben für die Einleitung zusammen und notiere sie.

> Thema des Textes – Quellen der Textbausteine – Titel

_____

_____

_____

_____

_____

_____

_____

**• den Aufbau des Textes untersuchen**

**b** Untersuche den Aufbau des Textes. Bestimme die Textart (kontinuierlich oder diskontinuierlich) und die wichtigsten Textbausteine. Notiere Stichpunkte.

_____

_____

_____

_____

_____

• den Inhalt des
Textes untersuchen

**TIPP**
Orientiere dich an
den Aufgaben 1 c
und d (S. 41–42).

c  Formuliere das Thema und notiere die Hauptaussagen des Textes.

_____

_____

_____

_____

_____

_____

_____

d  Untersuche die inhaltlichen Schwerpunkte des Textes und stelle sie dar.

_1. Schwerpunkt:_ _____

_____

_____

_____

_____

_____

_____

_____

_____

_____

_____

_____

_____

_____

• die Funktion des Textes untersuchen

**e** Untersuche, mit welchen Mitteln die Leserinnen/Leser angesprochen werden.

_____

_____

_____

_____

_____

• die sprachlichen Besonderheiten untersuchen

**f** Untersuche die sprachlichen Besonderheiten des Textes, z. B. die Wortwahl und den Satzbau. Notiere sie in Stichpunkten.

**TIPP**
Wiederhole deine Kenntnisse zur Satz- und Textgestaltung.

_____

_____

_____

_____

_____

_____

Einen Entwurf schreiben

**2** Schreibe einen Entwurf der Textbeschreibung in dein Heft. Orientiere dich dabei am Merkkasten (S. 43).

**a** Schreibe den Entwurf der Einleitung.

**b** Lies den Text noch einmal und schreibe den Entwurf des Hauptteils. Nutze deine Ergebnisse der Aufgaben 1 b bis f (S. 43–45).

**c** Entwirf den Schluss der Textbeschreibung. Lege deine eigene Meinung zum Thema dar oder stelle einen Bezug zu deinem Leben her.

**3**

Den Entwurf überarbeiten

**a** Überarbeite den Entwurf. Nutze dazu die folgende Checkliste und hake ab, was du überprüft hast.

**1** Wurden Textfunktion und Autorenabsicht bestimmt? ☐

**2** Wurden alle notwendigen Angaben zum Textinhalt wiedergegeben? ☐

**3** Wurden inhaltliche und gestalterische Besonderheiten des Textes beschrieben? ☐

**4** Ist die Textbeschreibung zusammenhängend und genau formuliert sowie fehlerfrei? ☐

Die Endfassung schreiben

**b** Schreibe die Endfassung in dein Heft.

# Prüfungsaufgaben lösen

### Einen literarischen Text interpretieren

**1** Interpretiere die folgende Parabel von Bertolt Brecht (1898–1956).

#### Herr Keuner und die Flut

Herr Keuner ging durch ein Tal, als er plötzlich bemerkte, daß seine Füße in Wasser gingen. Da erkannte er, daß sein Tal in Wirklichkeit ein Meeresarm war und daß die Zeit der Flut herannahte. Er blieb sofort stehen, um sich nach einem Kahn umzusehen, und solange er auf einen Kahn hoffte, blieb er stehen. Als aber kein Kahn
5 in Sicht kam, gab er diese Hoffnung auf und hoffte, daß das Wasser nicht mehr steigen möchte. Erst als ihm das Wasser bis ans Kinn ging, gab er auch diese Hoffnung auf und schwamm. Er hatte erkannt, daß er selber ein Kahn war.   Ⓡ

**2** Interpretiere das folgende Gedicht von Johann Wolfgang von Goethe (1749–1832).

#### Meeresstille

Tiefe Stille herrscht im Wasser,
Ohne Regung ruht das Meer,
Und bekümmert sieht der Schiffer
Glatte Fläche ringsumher.
5 Keine Luft von keiner Seite!
Todesstille fürchterlich!
In der ungeheuern Weite
Reget keine Welle sich.

**3** Interpretiere folgende Szene aus dem Drama „Kabale und Liebe" von Friedrich Schiller (1759–1805). Gehe dabei besonders auf Luises Vorstellungen bezüglich ihrer Liebe zu Ferdinand ein.

### Erster Akt, Dritte Szene

*Luise Millerin kommt, ein Buch in der Hand. Vorige.*

**Luise** *legt das Buch nieder, geht zu Millern und drückt ihm die Hand:* Guten Morgen, lieber Vater.

**Miller** *warm:* Brav, meine Luise. – Freut mich, dass du so fleißig an deinen Schöpfer
5   denkst. Bleib immer so, und sein Arm wird dich halten.

**Luise:** O ich bin eine schwere Sünderin, Vater – War er da, Mutter?

**Frau:** Wer, mein Kind?

**Luise:** Ah! ich vergaß, dass es noch außer ihm Menschen gibt – Mein Kopf ist so
     wüste – Er war nicht da? Walter?

10  **Miller** *traurig und ernsthaft:* Ich dachte, meine Luise hätte den Namen in der Kirche
     gelassen?

**Luise** *nachdem sie ihn eine Zeitlang starr angesehen:* Ich versteh ihn, Vater – fühle das
     Messer, das Er in mein Gewissen stößt; aber es kommt zu spät. – Ich habe keine
     Andacht mehr, Vater – der Himmel und Ferdinand reißen an meiner blutenden
15   Seele, und ich fürchte – ich fürchte – *Nach einer Pause.* Doch nein, guter Vater.
     Wenn wir ihn über dem Gemälde vernachlässigen, findet sich ja der Künstler
     am feinsten gelobt. – Wenn meine Freude über sein Meisterstück mich ihn
     selbst übersehen macht, Vater, muss das Gott nicht ergötzen?

**Miller** *wirft sich unmutig in den Stuhl:* Da haben wir's! Das ist die Frucht von dem
20   gottlosen Lesen.

**Luise** *tritt unruhig an ein Fenster:* Wo er wohl jetzt ist? – Die vornehmen Fräulein, die
     ihn sehen – ihn hören – ich bin ein schlechtes, vergessenes Mädchen. *Erschrickt
     an dem Wort und stürzt ihrem Vater zu.* Doch nein! nein! verzeih Er mir. Ich beweine mein Schicksal nicht. Ich will ja nur wenig – an ihn denken – das kostet
25   ja nichts. Dies bisschen Leben – dürft ich es hinhauchen in ein leises schmeichelndes Lüftchen, sein Gesicht abzukühlen! – Dies Blümchen Jugend – wär es
     ein Veilchen, und er träte drauf, und es dürfte bescheiden unter ihm sterben! –
     Damit genügte mir, Vater! Wenn die Mücke in ihren Strahlen sich sonnt – kann
     sie das strafen, die stolze majestätische Sonne?

Berliner Ensemble, 2013

30 **Miller** *beugt sich gerührt an die Lehne des Stuhls und bedeckt das Gesicht:* Höre, Luise – Das bissel Bodensatz meiner Jahre, ich gäb es hin, hättest du den Major nie gesehen.

**Luise** *erschrocken:* Was sagt Er da? Was? – Nein! Er meint es anders, der gute Vater. Er wird nicht wissen, dass Ferdi-

35 nand mein ist, mir geschaffen, mir zur Freude vom Vater der Liebenden. *Sie steht nachdenkend.* Als ich ihn das erste Mal sah – *rascher,* und mir das Blut in die Wangen stieg, froher jagten alle Pulse, jede Wallung sprach, jeder Atem lispelte: er ist's, und mein Herz den Immermangelnden

40 erkannte, bekräftigte: Er ist's! und wie das widerklang durch die ganze mitfreuende Welt! Damals – o damals ging in meiner Seele der erste Morgen auf. Tausend junge Gefühle schossen aus meinem Herzen, wie die Blumen aus dem Erdreich, wenn's Frühling wird. Ich sah keine Welt mehr, und doch besinn ich mich, dass sie niemals so schön war. Ich wusste von keinem

45 Gott mehr, und doch hatt ich ihn nie so geliebt.

**Miller** *eilt auf sie zu, drückt sie wider seine Brust:* Luise – teures – herrliches Kind – nimm meinen alten mürben Kopf – nimm alles – alles! – den Major – Gott ist mein Zeuge – ich kann dir ihn nimmer geben. *Er geht ab.*

**Luise:** Auch will ich ihn ja jetzt nicht, mein Vater! Dieser karge Tautropfe Zeit –

50 schon ein Traum von Ferdinand trinkt ihn wollüstig auf. Ich entsag ihm für dieses Leben. Dann, Mutter – dann, wenn die Schranken des Unterschieds ein-stürzen – wenn von uns abspringen all die verhassten Hülsen des Standes – Menschen nur Menschen sind – Ich bringe nichts mit mir als meine Unschuld, aber der Vater hat ja so oft gesagt, dass der Schmuck und die prächtigen Titel

55 wohlfeil werden, wenn Gott kommt, und die Herzen im Preise steigen. Ich werde dann reich sein. Dort rechnet man Tränen für Triumphe und schöne Ge-danken für Ahnen an. Ich werde dann vornehm sein, Mutter! – Was hätte er dann noch für[1] seinem Mädchen voraus?

¹ vor

**Frau** *fährt in die Höhe:* Luise! Der Major! Er springt über die Planke. Wo verberg ich

60 mich doch?

**Luise** *fängt an zu zittern:* Bleib Sie doch, Mutter.

**Frau:** Mein Gott! Wie seh ich aus! Ich muss mich ja schämen. Ich darf mich nicht vor Seiner Gnaden so sehen lassen. *Ab.*

## Einen literarischen Text gestaltend erschließen

**1** Lies Bertolt Brechts „Wenn die Haifische Menschen wären" (S. 26, Aufgabe 1 a) noch einmal. Wähle eine der folgenden Aufgaben aus und löse sie.

a Schreibe einen Paralleltext. Orientiere dich dabei am Originaltext.

b Verfasse einen Appell, der die kleinen Fische ermuntern soll, sich zu wehren.

**2** Lies das Gedicht „Die Stadt" (S. 31, Aufgabe 1) noch einmal. Wähle eine der folgenden Aufgaben aus und löse sie.

a Erfinde eine Geschichte zu dem Gedicht und schreibe sie auf.

b Stelle dir vor, du bist das lyrische Ich. Verfasse einen Brief an eine Freundin / einen Freund, in dem du deine Eindrücke schilderst.

c Verfasse ein Gegen- oder Parallelgedicht.

**3** Lies beide Szenen aus „Kabale und Liebe" von Friedrich Schiller (S. 35–36 und S. 47–48) noch einmal. Wähle eine der folgenden Aufgaben aus und löse sie.

> **TIPP**
> Notiere zuerst, was du über Ferdinand erfährst. Achte auf Herkunft, Beruf, Verhaltens-, Ausdrucksweisen und Einstellungen.

a Schreibe eine Rollenbiografie zur Figur des Ferdinand von Walter.
*Mein Name ist Ferdinand von Walter. Ich bin Major und der Sohn des einflussreichen adligen Präsidenten von Walter. Ich …*

b Schreibe einen Tagebucheintrag Luises, in dem sie ihre Gedanken und Gefühle festhält.

c Schreibe einen Brief an Ferdinand, in dem du ihm erklärst, warum Luise unter ihrer Liebe zu ihm leidet.

d Stelle dir vor, Ferdinand schreibt einen Brief an Luise, in dem er ihr die Ängste und Sorgen nehmen will. Verfasse diesen Brief.

e Erzähle eine märchenhafte Geschichte von der unglücklichen Liebe zwischen Luise und Ferdinand.

### Einen Sachtext erschließen

**a** Lies den Text.

#### Datenschutz

Dass das Thema Datensicherheit bei den Jugendlichen zumindest auf einer ersten Stufe angekommen ist, belegt der hohe Anteil von inzwischen 87 Prozent, die im Profil ihrer Community die Privacy-Option aktiviert haben. Allerdings fühlt sich nur jeder Zehnte in Bezug auf den Schutz seiner Daten in der Community sehr si-
5 cher, weitere 44 Prozent fühlen sich sicher, 37 Prozent fühlen sich wenig und acht Prozent gar nicht sicher. Nach Geschlecht und Bildung sind die Angaben nahezu identisch, im Altersverlauf zeigen sich die Jüngsten unbedarft, sie sind am wenigsten verunsichert, obwohl sie besonders selten Gebrauch von der Privacy-Option machen. Im Vergleich zum Vorjahr hat das Vertrauen in die Communitys bei den
10 Jugendlichen abgenommen. 2011 hatten noch zwei Drittel ein sehr gutes bzw. gutes Gefühl, 2012 sind es nur noch 54 Prozent.
Ein weniger gutes Gefühl zu haben, hat in der Praxis aber nicht dazu geführt, dass die Jugendlichen sparsamer mit ihren hinterlegten Informationen im Internet umgehen. Noch immer haben drei Viertel Informationen über sich und ihre Hobbys
15 hinterlegt, zwei Drittel stellen eigene Fotos oder Filme ein und die Verbreitung der eigenen E-Mail-Adresse hat mit nun 50 Prozent im Vergleich zum Vorjahr sogar leicht zugenommen. Auch verbreiten vier von zehn Jugendlichen Fotos und Filme im Internet, auf denen Freunde und die Familie zu sehen sind. [...]

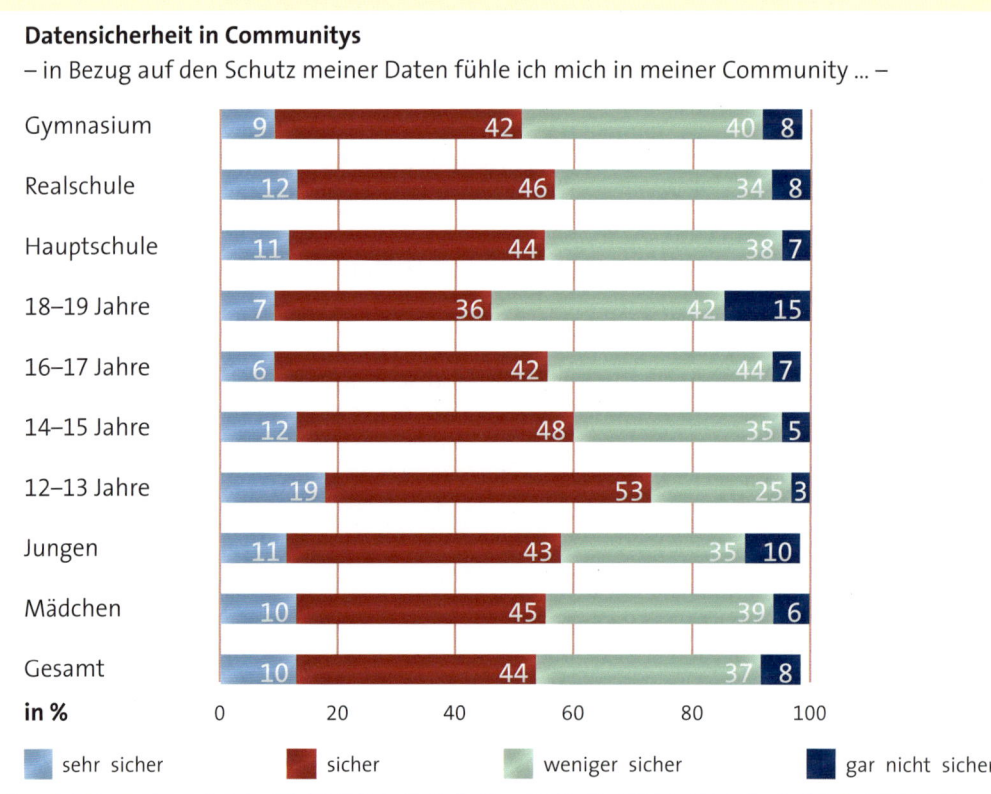

**Datensicherheit in Communitys**
– in Bezug auf den Schutz meiner Daten fühle ich mich in meiner Community ... –

| | sehr sicher | sicher | weniger sicher | gar nicht sicher |
|---|---|---|---|---|
| Gymnasium | 9 | 42 | 40 | 8 |
| Realschule | 12 | 46 | 34 | 8 |
| Hauptschule | 11 | 44 | 38 | 7 |
| 18–19 Jahre | 7 | 36 | 42 | 15 |
| 16–17 Jahre | 6 | 42 | 44 | 7 |
| 14–15 Jahre | 12 | 48 | 35 | 5 |
| 12–13 Jahre | 19 | 53 | 25 | 3 |
| Jungen | 11 | 43 | 35 | 10 |
| Mädchen | 10 | 45 | 39 | 6 |
| Gesamt | 10 | 44 | 37 | 8 |

in %

Basis: Nutzer von Online-Communitys, n=1034

**b** Benenne das genaue Thema.

**c** Notiere, welche Detailinformationen die Leserinnen/Leser aus dem Fließtext zum Thema erhalten.

_____

_____

_____

_____

_____

_____

_____

_____

**d** Der Text enthält eine indirekte Kritik. Formuliere sie mit eigenen Worten.

_____

_____

_____

**2** Betrachte die Grafik.

**a** Gib an, worüber sie informiert.

_____

_____

**b** Wo ist der größte Unterschied in den Werten erkennbar?

_____

_____

**c** Vergleiche die Textaussagen mit dem Inhalt der Grafik. Was stellst du fest?

_____

_____

_____

# Wortarten und Wortformen

## Die Modusformen des Verbs

Man unterscheidet im Deutschen vier **Modusformen** (Formen der Aussageweise):
**Indikativ** (Wirklichkeitsform), **Konjunktiv I**, **Konjunktiv II** (Möglichkeitsformen), **Imperativ**
(Befehlsform). Sie bieten u. a. verschiedene sprachliche Möglichkeiten, wiedergegebene
Rede zu bewerten (neutral, glaubwürdig, zweifelhaft, unglaubwürdig):

- Indikativ, z.B.: *Kay sagte, er ist unschuldig. Kay versicherte, dass er unschuldig ist.*
- Konjunktiv I, z.B.: *Kay sagte, er sei unschuldig.*
- Konjunktiv II, z.B.: *Kay sagte, er wäre unschuldig.*

Weitere sprachliche Möglichkeiten, Aussagen zu bewerten sind:

- redeeinleitende Verben, z.B.: *Kay versicherte (behauptete, erklärte), unschuldig zu sein.*
- Adverbien, Adverbialbestimmungen, z.B.: *Kay ist wahrscheinlich (offenbar) unschuldig.*
- Modalverben, z.B.: *Kay soll (muss, kann, will) unschuldig gewesen sein.*

**a** Lies den Auszug aus Bertolt Brechts Parabel aus den „Geschichten vom Herrn
Keuner" und stelle fest, durch welches sprachliche Mittel der Autor eine besondere
Wirkung erreicht.

**Wenn die Haifische Menschen wären**
„Wenn die Haifische Menschen wären", fragte Herrn K. die kleine Tochter seiner
Wirtin, „wären sie dann netter zu den kleinen Fischen?" „Sicher", sagte er. „Wenn
die Haifische Menschen wären, würden sie im Meer für die kleinen Fische gewaltige Kästen bauen lassen, mit allerhand Nahrung drin, sowohl Pflanzen als auch
5 Tierzeug. Sie würden sorgen, daß die Kästen immer frisches Wasser hätten, und sie
würden überhaupt allerhand sanitäre Maßnahmen treffen. [...] Es gäbe natürlich
auch Schulen in den großen Kästen. In diesen Schulen würden die Fischlein lernen,
wie man in den Rachen der Haifische schwimmt. [...] Die Hauptsache wäre natürlich die moralische Ausbildung der Fischlein. Sie würden unterrichtet werden, daß
10 es das Größte und Schönste sei, wenn ein Fischlein sich freudig aufopfert, und daß
sie alle an die Haifische glauben müßten, vor allem, wenn sie sagten, sie würden für
eine schöne Zukunft sorgen. [...] Sie würden die Fischlein lehren, daß zwischen ihnen und den Fischlein der anderen Haifische ein riesiger Unterschied bestehe. [...] Ⓡ

**b** Erläutere, warum Brecht Konjunktiv-II-Formen verwendet und diese häufig wieder-
holt.

_____

_____

_____

**c** Bestimme, welche weiteren Modusformen im Textauszug verwendet wurden.

_____

_____

**2** Svenja hat Markus und seinen Lehrer befragt und berichtet im Klassenrat davon.

a Setze die in Klammern stehenden Verben im Konjunktiv I und im Konjunktiv II ein.

1 Markus behauptete, neben Mathe _könne / könnte_ er auch Deutsch ganz gut.
(können)

2 Sein Lehrer sieht das anders und erwiderte, der Schüler _____

seine Leistungen zu positiv. (sehen)

3 Probleme _____ er doch besonders in der Grammatik. (haben)

4 Markus entgegnete, dass er bei Leistungskontrollen immer auf die Noten Zwei

oder Drei _____. (kommen)

5 Sein Lehrer stellt jedoch fest, dass Markus sein Können in der Abschlussprüfung

beweisen _____. (müssen)

b Lies die Sätze einmal mit den Formen des Konjunktivs I und dann mit denen des
Konjunktivs II. Begründe, für welche Form Svenja sich entscheiden sollte.

_____

**3** Wandle Eriks Aussagen in indirekte Rede um. Verwende den Konjunktiv I. Achte
dabei auf die Zeitformen.

**TIPP**
Ind. Prät., Perf.,
Plusquamp. →
    Konj. I Perfekt
Ind. Fut. →
    Konj. I Fut.

1 „In der Grundschule war mir das Lesen zunächst sehr schwergefallen."

_____

_____

2 „Doch dann fand ich Spaß am Lesen und ich habe mich schnell verbessert."

_____

_____

3 „Sicher werde ich auch meine Probleme beim Schreiben noch überwinden."

_____

_____

**4** Was wäre, wenn ...? Schreibe deine Ideen ins Heft. Verwende den Konjunktiv II.

1 Wenn ich Bundeskanzlerin/Bundeskanzler wäre, ...
2 Wenn ich Siebenmeilenstiefel hätte, ...
3 Wenn ich eine berühmte Erfinderin / ein berühmter Erfinder wäre, ...

## Aktiv und Passiv

Von den meisten Verben kann man Aktiv- und Passivformen bilden. **Aktivformen** rücken den Handelnden in den Mittelpunkt, **Passivformen** die Handlung.

Beim Passiv unterscheidet man zwei Formen:

- das **Vorgangspassiv**, das den Ablauf der Handlung betont,
- das **Zustandspassiv**, das einen Zustand als Ergebnis einer vorangegangenen Handlung benennt.

| | Vorgangspassiv (*werden* + Partizip II) | Zustandspassiv (*sein* +Partizip II) |
|---|---|---|
| Präsens: | *Die Tür wird geöffnet.* | *Die Tür ist geöffnet.* |
| Präteritum: | *Die Tür wurde geöffnet.* | *Die Tür war geöffnet.* |
| Perfekt: | *Die Tür ist geöffnet worden.* | *Die Tür ist geöffnet gewesen.* |
| Plusquamperfekt: | *Die Tür war geöffnet worden.* | *Die Tür war geöffnet gewesen.* |

**1**

a Unterstreiche alle Aktiv- und Passivformen und ordne sie richtig in die Tabelle ein.

### Waschbärenplage in Deutschland

Deutlich mehr als eine halbe Million Waschbären leben in Deutschland. Von den putzigen Tierchen werden schwere ökonomische Schäden verursacht.

Die eigentliche Heimat der Waschbären ist Nordamerika. Sie sind wegen ihres wertvollen Pelzes nach Europa gebracht worden. Hierzulande gibt es zwei große Po-
5 pulationen, deren Fell unterschiedlich gefärbt ist. Die Naturschützer kennen die Stammväter beider Populationen. Im Jahre 1934 sind am Edersee in der Nähe von Kassel zwei Pärchen ausgesetzt worden. In Ostdeutschland wurden 1945 einige Tiere aus einer Farm östlich von Berlin durch einen Bombentreffer befreit. Die Tiere sind heute im Raum um Kassel, in der Norddeutschen Tiefebene und an der
10 Mecklenburgischen Seenplatte verbreitet.

| Aktiv (4) | Vorgangspassiv (4) | Zustandspassiv (2) |
|---|---|---|
| _____ | _____ | _____ |
| _____ | _____ | _____ |
| _____ | _____ | |
| _____ | _____ | |

b Schreibe in deinem Heft mithilfe der Stichpunkte einen Zeitungsbericht über die nächtlichen Aktivitäten der Waschbären. Entscheide, welche Modusform du verwendest und ob du im Aktiv oder Passiv formulierst.

**1** Obstbäume plündern **2** Rasen aufrollen **3** Mülltonnen ausräumen **4** Dachböden als Schlafstätte auswählen **5** diese in acht bis zehn Wochen völlig zerstören

c Unterstreiche in deinem Bericht die Verbformen und bestimme deren Modus.

d Überprüfe, ob Aktiv und Passiv sinnvoll und richtig verwendet wurden.

# Satzbau und Zeichensetzung

## Der einfache Satz

> **!** Der **einfache Satz** besteht mindestens aus einem **Subjekt** und einem **Prädikat**. Oft kommen noch weitere Satzglieder hinzu, die man mithilfe der **Umstellprobe** ermitteln kann, z.B.:
> *Am 10.09.2013 | wurde | ein neuer IOC- Präsident | gewählt.*
> *Ein neuer IOC- Präsident | wurde | am 10.09.2013 | gewählt.*
> Die finite Verbform steht in Aussagesätzen an zweiter Stelle, z.B.:
> *Die Wahl fiel auf den Deutschen Thomas Bach.*

**1**

**TIPP**
Nutze die Umstellprobe.

**a** Trenne alle Satzglieder durch einen senkrechten Strich voneinander ab.

**1** Das Jugendbuch „Ein Kuss ist ein ferner Stern" | wurde | von Alexander Rösler | geschrieben. *Subjekt*

**2** Es erschien 2011 im Arena Verlag in Würzburg. _____

**3** Der Autor wird im Buch recht außergewöhnlich vorgestellt. _____

**4** „Alexander Rösler wuchs in den Siebzigerjahren in der hessischen Provinz auf, besuchte die Gesamtschule [...] und wurde beim Fußballspielen meistens ins Tor gestellt. _____

**5** Die Entscheidung für ein Medizinstudium kam per Post. _____

**6** Heute lebt Alexander Rösler [...] in Hamburg und arbeitet [...] im Krankenhaus. _____

**7** Seit 1999 schreibt er [...] erfolgreich [...] für Jugendliche." _____

**b** Überprüfe deine Lösungen, indem du jeden Satz gedanklich einmal umstellst. Besetze dabei das Vorfeld unterschiedlich. Wie verändert sich die Wirkung der Sätze?

_____

_____

**c** Bestimme die unterstrichenen Satzglieder bzw. Satzgliedteile in den Sätzen der Aufgabe a. Schreibe hinter die Sätze.

**d** Bestimme im Satz 7 alle Satzglieder.

_____

_____

### Die Kommasetzung im einfachen Satz

> Im **einfachen Satz** müssen **Kommas** gesetzt werden bei:
> - **Aufzählungen** von Wörtern und Wortgruppen, wenn diese nicht durch *und, oder, sowie, sowohl ... als auch, weder ... noch* verbunden sind,
> - **nachgestellten Erläuterungen** (auch in Form von Appositionen und Datumsangaben),
> - **Infinitivgruppen** (erweiterten Infinitiven mit *zu*), wenn die Infinitivgruppe
>   - durch Wörter, wie *um, ohne, (an)statt, außer* oder *als*, eingeleitet ist,
>   - sich auf ein Nomen/Substantiv bezieht,
>   - sich auf Wörter, wie *daran, darauf* oder *es*, bezieht.
> - **Partizipgruppen**, wenn sie als nachgestellte Erläuterung auftreten.

*Ein Kuss ist ein ferner Stern*
Alexander Rösler

**1**

**a** Begründe die Kommasetzung in den folgenden Sätzen.

**1** Manchmal greift man nach einem Buch aus der Angebotsfülle, ohne sich bewusst dafür entschieden zu haben. _____

**2** Sind die Gründe dafür der interessante Klappentext, die Bilder und Illustrationen oder die Covergestaltung? _____

**3** Die Covergestaltung bei diesem Buch, übrigens von Frauke Schneider, spricht in ihrer Einfachheit bestimmt viele Leser an. _____

**4** Ein Mädchen und ein Junge, auf einem Ast einer knochigen Eiche sitzend, schauen sich an. _____

**5** Das Bild wirkt wie ein Scherenschnitt und fasziniert durch seine Ungewöhnlichkeit, Klarheit, aber auch Vertrautheit. _____

**b** Setze die fehlenden Kommas und begründe deine Entscheidung.

**1** Die Frage stellt sich: Sind die beiden gute Freunde oder verliebt ineinander?

_____

**2** Sterne funkeln durch die Äste ohne im Vordergrund stehen zu wollen.

_____

**3** Der hellblaue Hintergrund die frühe Nacht andeutend rundet das harmonische Gesamtbild ab. _____

**4** Sie sitzen dicht beieinander schauen sich an und unterhalten sich angeregt.

_____

**5** Manche Leser hätten sich bestimmt gewünscht mehrere solcher Illustrationen im Buch betrachten zu können. _____

**Achtung, Fehler!**

 **c** In einem Satz ist die Kommasetzung freigestellt. Markiere und begründe.

_____

## Der zusammengesetzte Satz

*Die Satzreihe (Parataxe)*

> Zwei oder mehrere inhaltlich zusammengehörende **Hauptsätze** können eine **Satzreihe (Parataxe, Nebenordnung)** bilden.
>
> - Zwischen **unverbundenen** Hauptsätzen steht **immer** ein **Komma**, z.B.:
>   *Lesen ist trotz moderner Medien sehr aktuell, die Besucherzahlen auf Buchmessen beweisen dies.*
> - Sind die Hauptsätze durch die **Konjunktionen** *und* oder *oder* verbunden, ist die Kommasetzung freigestellt, z.B.:
>   *Frankfurt richtet die größte Buchmesse in Deutschland aus(,) und Verlage aus aller Welt stellen ihre Neuerscheinungen aus.*
> - Sind die Hauptsätze durch die **Konjunktionen** *aber, denn, (je)doch* oder durch **Adverbien**, wie *deshalb, dann, trotzdem*, verbunden, **muss** ein **Komma** gesetzt werden, z.B.:
>   *Frankfurt ist die bekannteste Buchmesse Deutschlands, aber die Leipziger Messe hat in den letzten Jahren viel an Popularität gewonnen. Hier gibt es Veranstaltungen für alle Altersgruppen, deshalb nutzen viele Familien mit Kindern gern die Angebote.*

**1**

**a** Überprüfe, ob es sich bei den folgenden Sätzen um Satzreihen handelt, indem du in den Teilsätzen jeweils Subjekt und finite Verbform unterstreichst.

1 Drei Personen schreiben aus unterschiedlichen Gründen und Perspektiven über einen kurzen Zeitraum in ihrem Leben, aber sehr schnell erfährt man das Nötigste über ihr mehr oder weniger zufälliges Aufeinandertreffen.

2 Rudi studiert Germanistik, er ist auch der „Zusammenführer" und Auftraggeber für die Texte.

3 Im Buch sagt Rudi über sich: „Ich wollte schon immer einen Roman schreiben. […] Aber dann saß ich da und saß und ließ viel Bier und viel Kaffee meine Kehle hinunterfließen."

4 August fasziniert am meisten, denn er ist anders als andere Menschen.

5 Wenige geben ihm aufgrund seines ungewöhnlichen Auftretens eine Chance zum Kennenlernen, aber seine Mutter Heidi, Rudi und Freya spüren seine Talente.

6 Bereits im Vorwort deutet Rudi das Ende an, dennoch erfährt man nicht wirklich viel über die Handlung.

7 „Gut drei Wochen sind seitdem ins Land gegangen und jetzt sitze ich tatsächlich mit einer Molle Astra bei Augusts Mutter."

8 „Links auf dem Campingstuhl sitzt sie, die Würstchen liegen gewendet auf dem Rost und Heidi blickt geradeaus auf den Kanal."

**b** Untersuche, in welchen Sätzen der Aufgabe a die Teilsätze ebenfalls durch Komma abgegrenzt sein könnten. Setze die Kommas und begründe deine Entscheidung in der Randspalte.

**c** Füge die einfachen Sätze jeweils zu einer Satzreihe zusammen. Verwende unterschiedliche Einleitewörter aus der Wortliste. Achte auf die Kommas.

**WORTLISTE**
dabei – aber – deshalb – denn – und – doch

**1** Freya lebt in Hamburgs Nobelviertel Blankenese. Sie wäre z. B. in St. Pauli oder Altona glücklicher.

_____

_____

_____

**2** Ihre ältere Schwester Hilde sitzt zurzeit oft vor der Glotze. Sie hat momentan keinen Freund.

_____

_____

_____

**3** Freya ist mit ihrem Freund Ben und ihrer Clique verabredet. Sie ist schon ganz aufgeregt.

_____

_____

_____

**4** Sie könnte eigentlich schon losfahren. Sie kann es kaum noch aushalten.

_____

_____

**5** Dann würde sie früher dort sein. Das gilt als uncool.

_____

_____

**6** Ben wartet sicherlich schon auf sie. Er hängt irgendwo mit der Clique rum.

_____

_____

*Das Satzgefüge (Hypotaxe)*

Einem **Hauptsatz** können ein oder mehrere **Nebensätze** untergeordnet werden. Dabei entsteht ein **Satzgefüge (Hypotaxe, Unterordnung)**. Die Nebensätze müssen **durch Kommas abgetrennt** werden, z. B.:

*Freya steigt über Kleidung, die herumliegt, da keine der Schwestern aufräumt.*
    HS ,                        NS 1 ,                        NS 2 .

Die unterschiedliche inhaltliche Verknüpfung des Nebensatzes mit dem Hauptsatz wird mit unterschiedlichen **Einleitewörtern** erreicht:

- unterordnende Konjunktionen, z. B.: *weil, dass, wenn, nachdem,*
- Relativpronomen: *der, die, das, welcher, welche, welches,*
- Fragewörter, z. B.: *wie, warum, wo.*

**1**

**a** Unterstreiche die Nebensätze mit einer Wellenlinie, rahme die Einleitewörter ein und unterstreiche die finiten Verbformen doppelt.

1  Freya hat aber noch ein weiteres Problem, das jedes Wochenende ansteht.

2  Welches Problem das ist, kann sich nur jemand ohne Führerschein ausmalen.

3  Warum muss sie auch in diesem Vorstadtnobelviertel, in dem nichts für Jugendliche wie sie läuft, wohnen?

4  Sie hat als Alternativen den Bus, die S-Bahn, ihre eigenen Füße oder Trampen, wenn sie nach St. Pauli zu Ben will.

**b** Setze die fehlenden Kommas, rahme die Einleitewörter der Nebensätze ein und unterstreiche die finiten Verbformen doppelt.

1  Aber zuerst muss Freya sich aus dem riesigen Haus schleichen was sich als gar nicht so einfach erweist.

2  Ihr Vater Klaus würde bestimmt nichts mitbekommen da er mit seiner neuen Freundin Babsi zum Essen verabredet ist.

3  Sie schleicht sich leise an der Dienstbotentür vorbei damit die Haushaltshilfe Maria nichts mitbekommt.

4  Sie lässt im Weinkeller noch eine Flasche Wein in ihrem Parka verschwinden der mit seinen großen Taschen bestens für diese Mission geeignet ist.

5  Wenn sie an die Hintertür kommt muss sie noch den Haus- und Hofhund Alberich den Dritten überlisten.

6  Eigentlich wollte die Familie den Hund wieder loswerden weil er als Wachhund nicht taugte.

7  Aber er hatte dann einen Einbrecher der mit Diebesgut wieder aus dem Haus wollte festgehalten.

**2** Verbinde die folgenden Sätze jeweils zu einem Satzgefüge. Verwende dabei unterordnende Konjunktionen. Unterstreiche die Nebensätze mit einer Wellenlinie.

**1** Freya will in die Stadt trampen. Das geht in der Regel schneller als mit dem Bus.

_____

_____

**2** Sie ist schon am Verzweifeln. Heute will einfach kein Auto anhalten.

_____

_____

**3** Freya will gerade eine SMS an Ben schreiben. Plötzlich schwenkt ein Auto in die Haltebucht ein.

_____

_____

**4** Der Junge neben ihr auf der Rückbank hat einen dicken Pulli an. Es ist Sommer.

_____

_____

**5** Er hat lange schwarze Haare. Ein einfacher Haushaltsgummi hält sie zusammen.

_____

_____

**3** Die folgenden Sätze bestehen aus mehreren Teilsätzen. Unterstreiche die Nebensätze mit einer Wellenlinie und setze die fehlenden Kommas.

**1** Der Junge der sich auf seinem Platz ausschweigt obwohl er mehrmals von Freya und dem Fahrer angesprochen wird benimmt sich immer seltsamer.

**2** Freya merkt dass mit ihrem Nachbarn etwas nicht in Ordnung ist während sich der Fahrer immer mehr über seinen seltsamen Fahrgast aufregt.

**3** Die Situation eskaliert schließlich da der Beifahrer sich plötzlich umdreht und dem Jungen der inzwischen stark zittert vier Boxhiebe verpasst.

**4** Es ist August der hier zum Opfer von Gewalt wird es aber hinnimmt.

**5** Freya und August ahnen zu diesem Zeitpunkt nicht dass dieses Vorkommnis der Beginn einer ungewöhnlichen Freundschaft ist welche für beide Seiten zu einem Lernprozess wird.

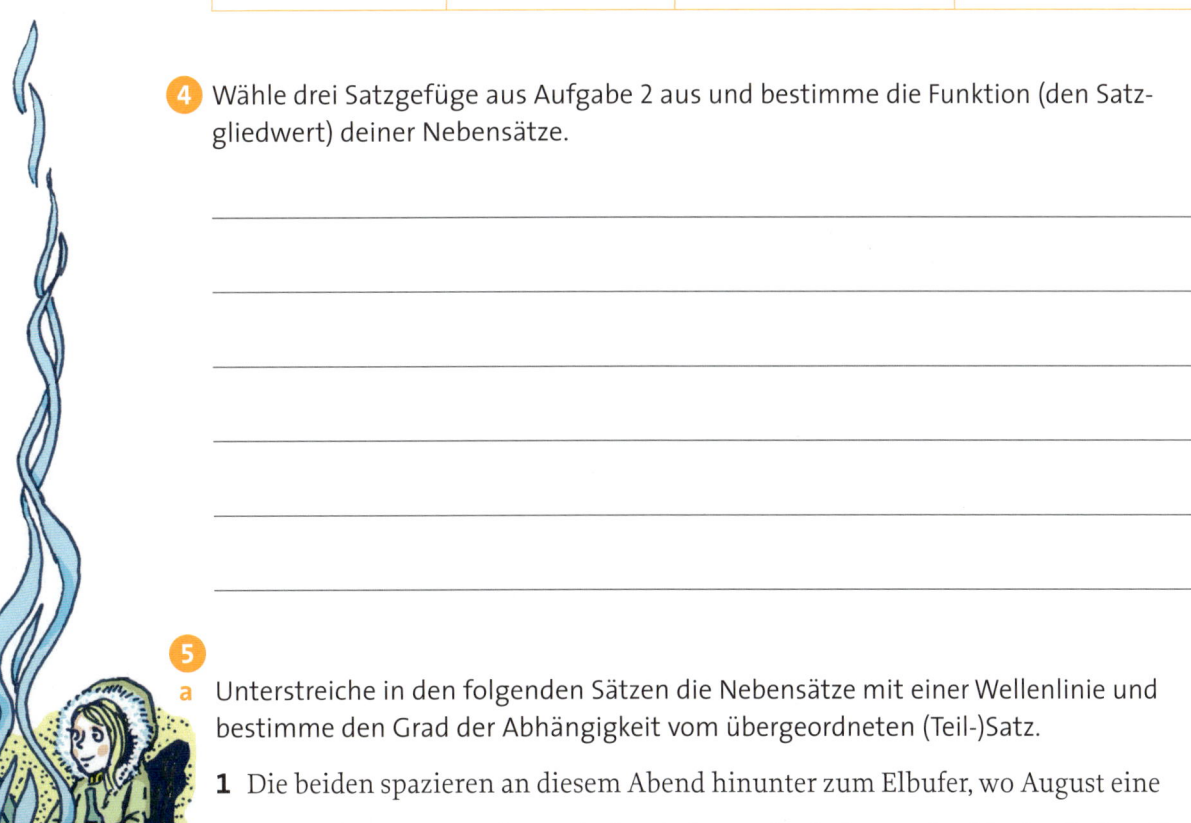

| Einteilung der Nebensätze nach | | | |
|---|---|---|---|
| der Funktion, d.h. dem Satzgliedwert | der Stellung zum übergeordneten (Teil-)Satz (HS, NS) | der Art des Einleitewortes | dem Grad der Abhängigkeit vom übergeordneten (Teil-)Satz (HS, NS) |
| • Gliedsatz<br>– Subjektsatz<br>– Objektsatz<br>– Adverbialsatz<br>• Gliedteilsatz (Attributsatz) | • Vordersatz<br>NS, HS.<br>• Zwischensatz<br>HS, NS, HS.<br>• Nachsatz<br>HS, NS. | • Konjunktionalsatz (z.B.: *da, weil, wenn, als*)<br>• Relativsatz (z.B.: *der, die, das; welcher, welche, welches*)<br>• Fragewortsatz (z.B.: *wo, wann, wie*) | • Nebensatz 1.Grades<br>HS, NS.<br>• Nebensatz 2.Grades<br>HS, NS 1, NS 2. |

**4** Wähle drei Satzgefüge aus Aufgabe 2 aus und bestimme die Funktion (den Satzgliedwert) deiner Nebensätze.

_____

_____

_____

_____

_____

_____

**5**

**a** Unterstreiche in den folgenden Sätzen die Nebensätze mit einer Wellenlinie und bestimme den Grad der Abhängigkeit vom übergeordneten (Teil-)Satz.

**1** Die beiden spazieren an diesem Abend hinunter zum Elbufer, wo August eine Kostprobe seines mathematischen Talents gibt, indem er den idealen Radius für ein Lagerfeuer berechnet. _____

**2** Die Flasche Wein, die Freya eigentlich für ihre Fete mitgenommen hatte, trinken die beiden zusammen. _____

**3** Dabei zeigt sich immer deutlicher, dass August ein Mensch ist, wie ihn Freya noch nicht kennen gelernt hat. _____

**b** Rahme die Einleitewörter der Nebensätze ein. Bestimme die Nebensätze aus Aufgabe a nach der Art des Einleitewortes. Schreibe hinter die Sätze.

Achtung,
Fehler!

**6** Setze in den folgenden Sätzen die Kommas und zeichne die Satzbilder.

**1** Rudi und August lernen sich vor einem Schwimmbad kennen als August über den Zaun schaut und nicht bemerkt dass er von Rudi beobachtet wird.

HS,   NS 1. Grades,   NS 2. Grades.

**2** Rudi ist ein offener Typ der sehr schnell bemerkt dass August anders ist.

**3** August hat wieder einen seiner dicken Norwegerpullover an obwohl eine Hitze herrscht die allen das Wasser aus den Poren treibt.

**4** Rudi studiert die Eigenheiten von August der schließlich sogar eine Art Tagebuch schreibt obwohl das Schreiben Horror für ihn bedeutet.

**5** Diese Schreibaufgaben die zunächst sehr einfach erscheinen beinhalten für August große Schwierigkeiten da so etwas noch niemand von ihm gefordert hat.

Achtung,
Fehler!

**7** Setze in den folgenden Sätzen alle Kommas und zeichne die Satzbilder.

**1** August möchte das Mädchen aus dieser Juninacht gern wiedersehen er kennt aber weder ihren Familiennamen noch ihre Adresse.

**2** Er weiß nur dass sie Freya heißt dass sie in Blankenese wohnt und dass ihr Vater bei einer Bank arbeitet.

**3** Mit Rudis Hilfe erfährt August dass die Schwester von Freya dringend einen Nachhilfelehrer in Mathe benötigt wenn sie das Abi schaffen will.

**4** August bekommt die Stelle nachdem er eingehend vom Vater der Mädchen geprüft worden ist ob er auch tatsächlich als Nachhilfelehrer geeignet sei.

**5** Freya weiß lange nicht dass der seltsame Junge der sie in den letzten Tagen gedanklich intensiv beschäftigt hat bei ihrer Schwester aus und ein geht.

## Satz- und Textgestaltung

*Mittel der Verknüpfung von Sätzen und Teilsätzen*

> Die Wirkung und die Verständlichkeit von Texten hängen wesentlich von der
> **Satzverknüpfung** ab. Zusammenhänge und Wirkungen entstehen z. B. durch:
> - die **Besetzung des Vorfelds** (Stelle vor dem finiten Verb) mit einem Satzglied,
> - **spezielle sprachliche Mittel**, wie Pronomen, bedeutungsähnliche Wörter (Synonyme, Ober-/Unterbegriffe),
> - die **Verknüpfung von Sätzen oder Teilsätzen** zu Parataxen (Nebenordnung) und Hypo- taxen (Unterordnung).

**1** Lies die Sätze und untersuche, auf welche Weise die Teilsätze miteinander verknüpft wurden.

**1** Dass August anders ist als Menschen, die du aus deinem Umfeld kennst, hast du sicherlich schon bemerkt.

_____

**2** Einerseits wirkt er kindlich und naiv, andererseits wieder hochintelligent und begabt, z. B. in Mathematik und beim Bassspielen, aber immer kommt er sympathisch beim Leser an.

_____

**3** Der Junge trägt autistische Züge, was sich auch darin zeigt, dass er Schwierigkeiten hat, zwischenmenschliche Beziehungen aufzubauen.

_____

**4** Das breite Publikum lernte den Autismus durch den Film „Rainman" kennen, in dem der US-amerikanische Schauspieler Dustin Hoffman auf beeindruckende Weise die Schwierigkeiten von Autismus bei Erwachsenen darstellt.

_____

**TIPP**

Nutze auch das Merkwissen deines Sprachbuchs.

**2** Verknüpfe die folgenden Sätze sinnvoll miteinander und schreibe sie in dein Heft. Orientiere dich dabei an den im Merkkasten genannten Möglichkeiten.

**1** Rudi will mehr über Augusts Leben wissen. Rudi stellt August fast täglich eine neue Schreibaufgabe. Die Schreibaufgaben sind einfach. August hat am Anfang große Probleme damit.

**2** Die sechste Schreibaufgabe von Rudi heißt: „Wo ich wohne". Rudi möchte etwas über Augusts Zuhause erfahren. Rudi möchte August besser verstehen.

*Stilistische Mittel*

> Um Texte wirkungsvoll zu gestalten, kann man **stilistische Mittel** nutzen:
> - **Metapher**: Übertragen der ursprünglichen Bedeutung eines Wortes/Ausdrucks auf einen anderen Sachverhalt auf der Grundlage eines gemeinsamen Merkmals der Ähnlichkeit,
> - **Personifizierung**: Übertragen menschlicher Eigenschaften und Verhaltensweisen auf unbelebte Gegenstände und Erscheinungen,
> - **Anapher**: Wiederholen von Satzanfängen,
> - **Parallelismus**: Wiederholen von Satzkonstruktionen,
> - **Ellipse**: Weglassen von Wörtern oder Satzteilen,
> - **Wiederholung**.

**TIPP:**

Weitere stilistische Mittel findest du im Merkwissen deines Sprachbuchs.

a Lies die folgenden Sätze aus dem Buch „Ein Kuss ist ein ferner Stern". Untersuche, welche stilistischen Mittel der Autor nutzt.

**1** Nein, hat er gesagt, ich soll den Kopf ausschalten. Ausknipsen. Ausblenden. Runterdimmen, vergessen. CUT.

_____

**2** Herr Gelinder sagt, er will mich kopfüber in eine aktive Gemeinschaft stecken.

_____

**3** „August", habe ich zu August gesagt, „du musst dich ein bisschen nach außen richten. Stell dir eine Schnecke vor, die langsam aus ihrem Haus kommt. Dann streckt sie ihre Fühler aus, erst rechts, dann links. Und dann entdeckt sie eine Welt!"

_____

_____

**4** „Die halbe Schülerwelt braucht Nachhilfe in Mathe, August. Die Welt ruft: Hilfe, August, eine Quadratwurzel!"

_____

b Rudi erstellt Augusts Webprofil für eine Agentur, die Mathenachhilfelehrer vermittelt. Nenne die stilistischen Mittel darin und beschreibe deren Wirkung auf dich.

„August Storck. Mathematikstudent, erstes Semester, Uni Hamburg. 19 Jahre alt. Abitur auf dem Lise-Meitner-Gymnasium Hamburg, naturwissenschaftlicher Zweig. Mathe und Physik als Abifächer. Durchschnitt 1,2. Endauswahl beim Hamburger Mathematik-Wettbewerb. Hobbys: Schach und ehrenamtliche Arbeit aller Art."

_____

# Wortbildung

## Zusammensetzungen (Komposita) und Ableitungen

**!**

**Zusammensetzungen** (Komposita) sind eine Möglichkeit im Deutschen, einen Sachverhalt kurz und treffend auszudrücken. Komposita bestehen aus einem **Bestimmungswort** und einem **Grundwort**, die selbst wiederum Ableitungen oder Zusammensetzungen sein können, z.B.:

*das Kind + die Tag|es|stätte* → *die Kind|er|tag|es|stätte,*
*der Ort + die Um|geh|ung|s|straße* → *die Ort|s|um|geh|ung|s|straße.*

**Ableitungen** entstehen v. a. durch das Anfügen von Präfixen (Vorsilben) oder Suffixen (Nachsilben) an einen **Wortstamm**.

**Typische Ableitungspräfixe und -suffixe** sind:

- Präfixe (Vorsilben): *be-, er-, ent-, ver-, zer-, un-, miss-*
- Suffixe (Nachsilben):
  – bei Nomen/Substantiven: *-ung, -heit, -keit, -nis, -ion, -ik, -ine*
  – bei Adjektiven: *-lich, -ig, -isch, -sam, -bar, -haft, -iv*
  – bei Verben: *-ieren*

*lieb: lieblich, beliebig, die Liebe, lieben, verlieben, beliebt, die Beliebtheit, lieblos, ...*

**1** Suche aus dem folgenden Text von Wolfgang Ecke möglichst viele Ableitungen und Zusammensetzungen heraus und schreibe sie in dein Heft. Suche selbst ein übersichtliches Ordnungssystem.

### Der Inselschreck

Seit Tagen fahren die Bewohner und Besucher der winzigen Insel Beltrum Nacht für Nacht aus ihren Betten hoch.

Es ist weder das gischtig auflaufende
5 Wasser bei Einsetzen der Flut, noch sind es die Donnerschläge eines Gewitters, die sie zusammenschrecken lassen. Nein, es handelt sich um furchtbare Heulgeräusche, die
10 ihnen die Nachtruhe rauben.
Siebenundvierzig Einwohner und einundzwanzig Sommergäste hat Beltrum zum Zeitpunkt dieser Geschichte. Doch ganz gleich ob In-
15 sulaner oder Feriengast, alle haben den gleichen Gesprächsstoff: das sirenenähnliche Heulen. Die einen behaupten, es sei eine Naturerscheinung, die anderen meinen, es sei der Wind, der
20 sich an einem hohlen Gegenstand auf der Insel bricht. Doch da in den letzten Nächten Windstille herrschte, scheidet diese Theorie aus.
Nur ganz wenige sind der Meinung, dass das Heulen einem Scherzvogel zu verdanken sei, der dieses durch Mark und Bein gehende Geräusch mittels irgendwelcher
25 Silvesterraketen zustande bringt. [...]

**2**

**a** Zerlege die Zusammensetzungen in ihre Bestandteile und unterstreiche das für das Geschlecht ausschlaggebende Grundwort.

1 Sonn|tag|abend|unter|halt|ung|s|<u>programm</u>

2 Jugendfußballtrainer

3 Schuljahresabschlussfeier

4 Sparkassenangestellte

5 Weltjahresbestenliste

6 Fußballspielerfrau

7 Tourenklasseweltmeisterschaft

8 Einkommenssteuererklärung

9 Zapfsäulentankanzeige

**b** Bilde weitere Zusammensetzungen mit den Grundwörtern aus Aufgabe a, indem du sie je einmal als Grundwort, dann als Bestimmungswort verwendest. Schreibe die neuen Wörter mit ihrem Artikel auf.

*1. das Programm: das Messeprogramm, die Programmänderung*

**3**

**a** Jährlich wird von einer Jury das „Unwort des Jahres" gewählt. Unterstreiche in den folgenden Beispielen die Grund- und Bestimmungswörter verschiedenfarbig.

2011: Gutmensch                2010: Integrationsverweigerer

2009: betriebsratverseucht      2008: Rentnerdemokratie

2007: klimaneutral              2006: Konsumopfer

**b** Überlege, welche Bedeutung die Grund- und Bestimmungswörter ursprünglich hatten und welchen neuen Inhalt die Zusammensetzungen vermitteln. Wähle drei Unwörter aus und schreibe die ursprüngliche und die neue Bedeutung in dein Heft.

**TIPP**
Nutze das Internet.

**4** Überlege, welche Wirkung durch die Bestimmungswörter in folgenden Beispielen erzielt wird. Verwende sie in je zwei weiteren Beispielen.

**1** hyperaktiv   **2** Megashow   **3** Extremsport   **4** Höllenspektakel

_____

_____

_____

_____

_____

_____

**5**

**a** Suche zu den folgenden Wörtern mindestens zwei Ableitungen und unterstreiche die Wortstämme.

_1. merken:_ _____

_2. senken:_ _____

_3. niesen:_ _____

_4. hören:_ _____

**Achtung, Fehler!**

**b** In den folgenden Sätzen haben sich einige Fehler versteckt. Streiche die falsch geschriebenen Wörter durch und schreibe sie korrekt in die Randspalte. Übe ihre Schreibung, indem du Wortfamilien bildest.

_____

**1** Seine Fehler zu finden, ist gar nicht so schwehr.

_____

_____

**2** Es ist aber wichtig, dass du deine Texte wirklich genau nachließt.

_____

_____

**3** Dabei sollte die Nutzung des Dudens selbstverstendlich sein.

_____

# Fehlerschwerpunkte erkennen – Fehler korrigieren

## Wörter und Regeln nachschlagen

**!** Die **Schreibung von Wörtern** und wichtige **Rechtschreibregeln** kann man in Rechtschreibwörterbüchern nachschlagen, wie z. B. im Duden.

**1** Wörterbücher bieten nicht nur Hinweise zur Schreibweise eines Wortes.

**a** Beantworte folgende Fragen mithilfe eines Wörterbuchs.

**1** Suche das Stichwort *Kolorit*. Was bedeuten die senkrechten Striche im Wort?

_____

_____

**2** Suche die Stichwörter *Koma* und *Komma*. Was bedeutet der Punkt bzw. der Strich unter dem Vokal *o*?

_____

_____

**3** Wie heißt der Plural von *Komma*?

_____

**4** Wie heißt der Genitiv von *Kombi*?

_____

**5** Suche das Stichwort *komisch*. Was bedeutet es?

_____

_____

_____

**b** Fasse zusammen, welche Angaben du in einem Wörterbuch findest.

_____

_____

_____

_____

**Fremdwörterbuch nutzen**

**2** Sieh dir das Stichwort aus einem Fremdwörterbuch an. Beantworte die Fragen.

> **Ho|ri|zont** *der*; -[e]s, -e ‹ *gr.-lat.;* „Grenzlinie, Gesichtskreis"› **1.** Begrenzungslinie zwischen dem Himmel und der Erde; [...] **2.** Gesichtskreis; geistiges Fassungsvermögen. **3.** (Geol.) kleinste Einheit innerhalb einer Formation (5), räumlich die kleinste Schichteinheit, zeitlich die kleinste Zeiteinheit. **4.** Schnittgerade der vertikalen Zeichenebene mit der Ebene, die zur abzubildenden horizontalen Ebene parallel verläuft (in der Perspektive)

**1** Aus welcher Sprache stammt das Wort?

_____

**2** Wie heißt die Pluralform?

_____

**3** Verwende das Wort mit den Bedeutungen 1 und 2 in Wortgruppen.

_____

_____

**4** Überlege, in welchen Fächern das Wort mit den Bedeutungen 3 und 4 verwendet wird.

_____

**3** Löse folgende Aufgaben mithilfe eines Fremdwörterbuchs.

**1** Schlage das Stichwort *Expansion* nach und schreibe die Bedeutung heraus.

_____

_____

**2** Schreibe vier weitere Wörter aus dieser Wortfamilie auf.

_____

_____

**3** Suche das Stichwort *Genetik* und schreibe die Bedeutung heraus. Aus welcher Sprache kommt das Wort?

_____

_____

**TIPP**
Du kannst auch ein Rechtschreibwörterbuch benutzen.

# Groß- und Kleinschreibung

### Grundregeln

**!** Im Deutschen gilt in folgenden Fällen **Großschreibung**:
- **Nomen/Substantive**, z. B.: *Frieden, Schule, Freundlichkeit, Klugheit, Ausbildung,*
- **Nominalisierungen/Substantivierungen** anderer Wortarten, z. B. in Verbindung mit
  - Artikeln (*der, die, das*), z. B.: *das Laufen, das Für und Wider, das Du anbieten,*
  - Adjektiven (*groß, schlau, rot*), z. B.: *lautes Rufen, dunkles Rot,*
  - Pronomen (*mein, dein, unser*), z. B.: *deine Zwei, etwas Neues,*
  - Präpositionen (*mit, auf, an*), z. B.: *beim Lesen, im Heute leben,*
- **Satzanfänge**, z. B.: *Unsere Katze schnurrt beim Streicheln ganz laut.*
- Bezeichnungen von **Tageszeiten** nach Wörtern, wie *gestern, heute, morgen*, z. B.: *morgen Abend,*
- **feste Wendungen**, z. B.: *im Allgemeinen, im Großen und Ganzen,*
- die **Höflichkeitsanrede**, z. B.: *Haben Sie vielen Dank für Ihre Einladung.*

**1** Schreibe die Wörter aus den Klammern in der richtigen Groß- und Kleinschreibung in die Lücken. Begründe deine Entscheidung mithilfe des Merkkastens. Schreibe das jeweilige Stichwort hinter den Satz.

**1** Lisa war mal wieder die _____ (schnellste) in der Klassenarbeit.

_____

**2** Ben hatte Tom abschreiben lassen. Etwas _____ (dümmeres) konnte ihm auch nicht einfallen. _____

**3** Aus dem _____ (gesagten) bin ich überhaupt nicht schlau geworden. _____

**4** Das _____ (für) und _____ (wider) musst du genau abwägen. _____

**5** Ich möchte dir etwas _____ (gutes) tun.

_____

**6** _____ (sie) hatte alles im _____ (voraus) gebucht.

_____

**7** Sie können sich _____ (morgen abend) auf pure _____ (entspannung) freuen. _____

_____

**8** Nach der Operation fällt Frau Schmidt das schwere _____ (tragen) immer noch nicht leicht. _____

**9** „Soll ich _____ (ihnen) helfen?", fragte ich sie.

_____

## Die Schreibung von Eigennamen

> **!** **Eigennamen** bezeichnen z. B. Personen, Orte, Veranstaltungen, Organisationen und Institutionen als einmalig. Eigennamen werden **immer großgeschrieben**, z. B.: *Dirk Neumann, Potsdam, Bahnhofstraße.*
> Sind Adjektive, Partizipien oder Numeralien (Zahlwörter) Teil eines Eigennamens, werden auch sie großgeschrieben, z. B.: *Deutsches Rotes Kreuz, die Vereinigten Staaten, Friedrich der Zweite.*
> Ableitungen von geografischen Eigennamen auf **-er** schreibt man groß, z. B.: *Thüringer Wald, Schweizer Käse.*
> Ableitungen von geografischen Eigennamen auf **-isch** schreibt man nur dann groß, wenn sie Teil eines Eigennamens sind, z. B.: *die Sächsische Schweiz* (aber: *sächsische Städte*).

**1** Wähle pro Beispiel ein Adjektiv aus der Wortliste und schreibe es in der richtigen Schreibung auf. Achte darauf, ob es sich um Eigennamen handelt.

**WORTLISTE**
schwarz – tot –
technisch – still –
zweiter

**1** das _____ Tuch – die _____ Witwe (Spinne)

**2** das _____ Mädchen – der _____ Ozean

**3** das _____ Meer – der _____ Käfer

**4** die _____ Universität Berlin – der _____ Fortschritt

**5** das _____ Mal am Tag – der _____ Weltkrieg

**2** Formuliere die folgenden Wortgruppen um, indem du von den geografischen Eigennamen Adjektive ableitest.

**1** die Schokolade aus der Schweiz – *die Schweizer Schokolade* _____

**2** die Seenplatte in Mecklenburg – _____

**3** der Käse aus Holland – _____

**4** die Altstadt von Prag – _____

**5** die U-Bahn in Moskau – _____

**6** der Hafen in Hamburg – _____

Prag

**TIPP**
Suche bei Bedarf
im Internet.

**3** Finde heraus, welche Lebensmittel bzw. Speisen hier bezeichnet sind. Erfinde ein Menü, in dem möglichst viele dieser Eigennamen vorkommen.

Rote Bete –
Arme Ritter –
Grüne Klöße –
Falscher Hase –
Kalter Hund –
Dicke Bohnen –
Saure Eier –
Freche Früchtchen

*Vorspeise:* _____

*Suppe:* _____

_____

_____

4 Schreibe folgende Sätze in richtiger Groß- und Kleinschreibung auf. Achte besonders auf die Schreibung von Eigennamen.

George Gower:
Armadaporträt von Elisabeth I.
(1588)

anne boleyn war die zweite von sechs gemahlinnen heinrichs des achten. ihre gemeinsame tochter elisabeth die erste wird auch als jungfräuliche königin bezeichnet und lebte von 1533 bis 1603. die regierungszeit ist als elizabethanisches zeitalter bekannt. in dieser zeit erhielt die anglikanische kirche ihre endgültige ausprägung. elisabeth I. ist das letzte mitglied der tudor-dynastie auf dem englischen thron. sie hatte große konflikte mit der schottischen königin maria stuart. im alter von 69 jahren starb elisabeth und wurde in der westminster abbey begraben.

# Getrennt- und Zusammenschreibung

## Grundregeln

!

**Getrennt** schreibt man:
- Verb + Verb, z.B.: *schwimmen lernen, einkaufen gehen,*
- Nomen/Substantiv + Verb, z.B.: *Rad fahren, Auto fahren, Fußball spielen,*
- Verbindungen mit *sein*, z.B.: *da sein, fertig sein, hier sein, vorüber sein.*

**Zusammen** schreibt man:
- Adjektiv + Adjektiv, z.B.: *feuchtwarm, bitterböse, superschnell, dunkelblau,*
- Verbindungen mit *irgend-*, z.B.: *irgendein, irgendetwas, irgendwie,*
- folgende Verbindungen aus Nomen/Substantiv + Verb (Diese Wörter sollte man sich einprägen!): *eislaufen, heimfahren, irreführen, leidtun, kopfrechnen, kopfstehen, preisgeben, teilnehmen.*

Bei der Getrennt- und Zusammenschreibung helfen häufig die **Betonung** und die **Bedeutung** der Verbindungen weiter:
- **Betonung auf dem ersten Bestandteil** → **zusammen**, z.B.: *abfahren, hingehen,*
- **beide Bestandteile betont** → **getrennt**, z.B.: *aufeinander achten, frei sprechen* (ohne Vorlage), *miteinander auskommen,*
- Verbindungen in **übertragener Bedeutung** verwendet → **zusammen**, z.B.: *schwarzfahren* (keine Fahrkarte haben), *freisprechen* (von Schuld), *(etwas) richtigstellen* (berichtigen, korrigieren).

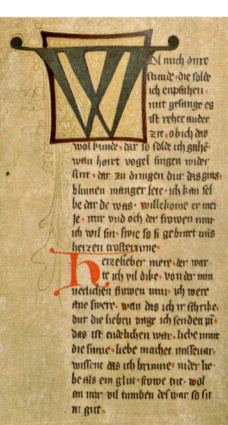

**1** Schreibe die Wörter und Verbindungen richtig in die Lücken.

> feststellen – gestochen genau – alltägliche – schwer lesbar – wunderschön

Die _____ Schrift unserer Vorfahren ist für uns

nur _____.

In vielen Schriftstücken kann man _____, dass die Menschen da-

mals _____ und oft _____ schrieben.

**2** Schreibe die Beispiele in der richtigen Schreibung auf. Ergänze weitere Beispiele.

> bitter/böse – nass/kalt – irgend/jemand – irgend/wo – schreiben/lernen – reif/sein –
> rechnen/üben – Bahn/fahren – Ski/laufen – schlau/sein – Eis/laufen – Heim/fahren

_____

_____

_____

_____

_____

**Betonungsprobe,
Bedeutungsprobe**

**③** Betonung und Bedeutung entscheiden in den folgenden Verbindungen über die Getrennt- und Zusammenschreibung. Verwende die Beispiele in Sätzen.

> zusammen laufen / zusammenlaufen – schwer fallen / schwerfallen –
> groß schreiben / großschreiben

_____

_____

_____

_____

_____

_____

_____

_____

**TIPP**
Schlage bei Bedarf
im Wörterbuch
nach.

**④** Getrennt oder zusammen? Schreibe die Verbindung jeweils richtig in die Lücke und begründe deine Entscheidung.

**1** Lina möchte gern am nächsten Wettkampf _____

(teil/nehmen). _____

**2** Die Radfahrer sollten auf Radwegen schneller_____

(voran/kommen). _____

**3** Bei deiner Präsentation solltest du unbedingt _____

(frei/sprechen). _____

**4** Ich hoffe, mein Plan wird nicht _____ (schief/gehen).

_____

**5** Wer kann _____ (gut/schreiben)? Wir müssen doch ein

Plakat gestalten. _____

**6** Meine neue Badehose ist _____ (hell/blau).

_____

**7** Freitags will ich jetzt immer_____(schwimmen/gehen).

_____

**8** An den anderen Tagen werde ich _____ (Rad/fahren).

_____

## Die Schreibung von Straßennamen

**Zusammengeschrieben** werden **Straßennamen**, wenn sie folgende Bestandteile als Bestimmungswort haben:
- einteilige Personennamen, z.B.: *Schillergasse, Dorotheenstraße,*
- ungebeugte Adjektive, z.B.: *Hohlweg, Oberstraße, Untergasse,*
- Nomen/Substantive, z.B.: *Kastanienallee, Uferpromenade, Sternstraße.*

**Getrennt geschrieben** werden Straßennamen, wenn sie folgende Bestandteile enthalten:
- gebeugte Adjektive, z.B.: *Enge Gasse, Kleine Straße, Langer Weg,*
- Ableitungen von geografischen Eigennamen auf *-er* oder *-isch,* z.B.: *Magdeburger Straße, Potsdamer Platz, Mecklenburgische Allee,*
- eine Präposition (+ Artikel), z.B.: *Zur Wiese, Am Kanal, Auf der Höhe.*

**Mit Bindestrich geschrieben** werden Straßennamen, wenn sie folgende Bestandteile als Bestimmungswort haben:
- mehrgliedrige Personennamen, z.B.: *Heinrich-Heine-Platz, Theodor-Fontane-Weg, Franz-Kafka-Allee.*

**1** Streiche die falschen Schreibungen durch.

**Achtung, Fehler!**

**1** Am Marktplatz – Am-Marktplatz – Am-Markt-Platz
**2** Martin Luther Allee – Martin-Luther-Allee – Martin Lutherallee
**3** Einstein Straße – Einstein-Straße – Einsteinstraße
**4** Breitestraße – Breite Straße – Breite-Straße
**5** Potsdamer-Platz – Potsdamerplatz – Potsdamer Platz

**2** Schreibe die Straßennamen in der richtigen Schreibung auf.

**Achtung, Fehler!**

Frau Dr. Ingrid Bergmann
Halberstädter-Chaussee 27
39116 Magdeburg-Ottersleben

Bäckerei Hinz
Richard von Weizsäcker Platz 6
33699 Bielefeld-Hillegossen

Firma Heizpilz
Birken Allee 12
12457 Berlin

Andreas Wurmstich
Breiterweg 5
01187 Dresden

Katja Franz
Hohl Weg 146
06366 Köthen

Fischereimeister Hein
Goethe-Straße 7
18119 Rostock-Warnemünde

Firma „Alles fürs Büro"
Sächsischestraße 79
04157 Leipzig

Tischlerei Meyer
Zur-Bleiche 4
14772 Brandenburg

_____

_____

_____

_____

# Fremdwörter

> **!**
>
> **Fremdwörter** sind Wörter, die aus einer fremden Sprache übernommen wurden und sich in Lautung, Schreibung und Flexion unserer Sprache noch nicht angepasst haben. Sie sind häufig an typischen **Präfixen** (Vorsilben) und **Suffixen** (Nachsilben) zu erkennen. Durch **Präfixe** ändert sich häufig die Bedeutung des Wortes. Das Wort ist leichter zu verstehen, wenn die Bedeutung der Präfixe bekannt ist, z.B.: *inter- = zwischen-* *(international, Interaktion), anti- = gegen- (antiallergisch, Antiatomkraft-Bewegung), prä- = vor- (prähistorisch, Präfix).*
> Bestimmte Fremdwörter sind zugleich Fachwörter, die von Wissenschaftlern oder Spezialisten bestimmter Fachgebiete gebraucht werden. Besonders häufig kommen solche **Fremdwörter** in **Fachsprachen** (im **Fachwortschatz**) vor.

**1** In einem Wörterbuch kannst du Synonyme (sinnverwandte Wörter) suchen. Schreibe aus dem Wörterbuch Synonyme für folgende Fremdwörter heraus.

1. *imposant* – _____

2. *Barriere* – _____

3. *Affäre* – _____

4. *Biografie* – _____

**2**

a Kläre die Bedeutung folgender Präfixe mithilfe eines Wörterbuchs. Trage die Bedeutung in den Tabellenkopf ein.

| hydro- | homo- | nano- | bio- |
|---|---|---|---|
| *Wasser-* | _____ | _____ | _____ |
| *hydraulisch* | _____ | _____ | _____ |
| _____ | _____ | _____ | _____ |
| _____ | _____ | _____ | _____ |
| _____ | _____ | _____ | _____ |
| _____ | _____ | _____ | _____ |
| _____ | _____ | _____ | _____ |

**b** Bilde mit den Präfixen möglichst viele Wörter und trage sie in die entsprechende Spalte der Tabelle ein.

**c** Überprüfe die Schreibung mithilfe eines Wörterbuchs.

**d** Suche aus dem Wörterbuch weitere Wörter mit diesen Präfixen heraus und schreibe sie in die entsprechende Spalte der Tabelle.

**3**

**a** Wähle das passende Suffix aus und füge es an den Wortstamm an.

| -ik | -ion | -ist | -istisch | -aille | -eur | -ing |
|-----|------|------|----------|--------|------|------|

1. Statist
2. Train
3. Fris
4. Stad
5. Evolut

6. journal
7. Med
8. Ingeni
9. Poliz
10. Meet

**b** Schreibe je ein weiteres Fremdwort mit den genannten Suffixen auf. Überprüfe ihre Schreibung bei Bedarf mit dem Wörterbuch.

_____

_____

**4** Suche die entsprechenden Fremdwörter und ordne sie den Fächern zu. Trage sie in die richtige Spalte der Tabelle ein.

Fall (Grammatik) – Rechteck mit vier rechten Winkeln und vier gleichen Seiten – Eigenschaftswort – hundertster Teil von etwas – Befehlsform – Seite im rechtwinkligen Dreieck, die dem rechten Winkel gegenüberliegt – Zahlwort – das Zusammenzählen – Tätigkeitswort – halber Durchmesser eines Kreises

| Deutsch | Mathematik |
|---------|------------|
|         |            |
|         |            |
|         |            |
|         |            |
|         |            |

Judith Schalansky
**Der Hals der Giraffe**
Bildungsroman

Suhrkamp

**5** Der Roman „Der Hals der Giraffe" spiegelt die Sicht der Biologielehrerin Inge Lohmark wider.

**a** Lies den folgenden Auszug aus dem Buch und unterstreiche alle Fachwörter aus dem Fachgebiet Biologie.

Dann ging alles sehr schnell. Wahrscheinlich spürte das Tier, dass sie seine Rettung war. Ein paar Mal nahm es Reißaus, aber dann, als sie wieder das Glas über seinen kleinen Körper stülpen wollte, ergab es sich vor lauter Angst. Einen Moment lang zuckte es, dann faltete es seine Flügel zusammen und erstarrte. Es sah aus wie tot.
5 Ausgestopft. Sehr zerbrechlich: braunes, dichtes Mäusefell. Kleine, krumme Zehenkrallen. Ledrige Flügelspitzen. Die feine Flugmembran. Hervorstehende rote Gelenke. Die schwarzen Widerhaken der gereckten Daumen. Der platte Kopf. Eine nass glänzende Schnauze. Winzige Vampirzähne. Der entsetzte Mund eines Neugeborenen. Harte ängstliche Augen. So viel Angst. Sie waren eher mit den Menschen
10 verwandt als mit den Mäusen. Der gleiche Knochensatz: Oberarm, Speiche, Elle und Handwurzel [...]. Dazu anatomisch identische Geschlechtsorgane. Ein Paar bruständige Zitzen. Freihängender Penis. Pro Jahr ein oder zwei Junge. Und bei der Geburt waren auch sie fast vollständig nackt. [...]

**b** Bestimme, welche der Fachwörter Fremdwörter sind.

_____

_____

**c** Erschließe aus den Fachwörtern, um welches Tier es sich in dem Textauszug wohl handelt. Schreibe in die Randspalte.

**TIPP**
Du findest je sechs Fachwörter waagerecht und senkrecht.

**6** Suche aus dem Buchstabenrätsel zwölf Fachbegriffe heraus und schreibe sie in dein Heft. Markiere mögliche Rechtschreibprobleme.

| P | R | O | B | I | O | T | I | S | C | H | I | H | J | M |
|---|---|---|---|---|---|---|---|---|---|---|---|---|---|---|
| H | Q | Z | T | U | O | B | V | R | H | O | R | M | O | N |
| A | S | F | R | Z | U | O | P | J | K | N | B | V | T | O |
| V | I | R | U | S | G | M | H | A | K | L | B | C | Y | H |
| Q | Z | I | O | L | M | D | O | G | H | R | V | S | G | F |
| A | G | G | R | E | G | A | T | Z | U | S | T | A | N | D |
| S | Ä | K | L | M | A | V | O | M | N | K | G | H | I | E |
| Ö | R | K | M | B | K | D | S | B | U | E | I | M | Z | M |
| W | U | J | K | R | D | I | Y | F | G | L | O | U | B | E |
| S | N | U | T | Y | H | B | N | J | Z | E | Ä | S | M | N |
| U | G | H | F | O | U | P | T | S | C | T | I | K | L | Z |
| S | A | G | R | Ö | P | U | H | L | I | T | J | E | N | N |
| A | H | J | R | E | F | L | E | X | K | L | U | L | I | O |
| H | C | H | I | O | L | N | S | Ä | L | O | I | J | K | L |
| K | L | A | T | V | E | G | E | T | A | R | I | E | R | Ä |

# Prüfungsaufgaben lösen

### Sprachwissen und Sprachbewusstsein

**Achtung, Fehler!**

**1** Setze die fehlenden Kommas.

**1** <u>Folgende Sätze</u> finden sich zu Beginn der Kalendergeschichte „Der kluge Richter" <u>die von Johann Peter Hebel geschrieben wurde.</u>

**2** Er wurde 1760 <u>in Basel</u> geboren arbeitete <u>ab 1783</u> als Lehrer und wurde später zum Direktor des Karlsruher Gymnasiums berufen.

**3** „Dass nicht alles so uneben sei was im Morgenlande geschieht das <u>haben</u> wir schon einmal <u>gehört.</u>

**4** Auch folgende Begebenheit soll sich <u>daselbst</u> zugetragen haben.

**5** Ein reicher Mann hatte <u>eine beträchtliche Geldsumme</u> welche in ein Tuch eingenäht war aus Unvorsichtigkeit verloren.

**6** Er machte <u>daher</u> seinen Verlust bekannt und bot wie man zu tun pflegte <u>dem ehrlichen Finder</u> eine Belohnung und zwar von hundert Talern an. […]"

**2** Bestimme die unterstrichenen Satzglieder und Satzgliedteile in Aufgabe 1.

_____

_____

_____

_____

_____

_____

_____

**3** Zeichne zu folgenden Sätzen die Satzbilder.

_Satz 1:_ _____

_Satz 3:_ _____

_Satz 5:_ _____

_Satz 6:_ _____

**4** Schreibe aus den Sätzen der Aufgabe 1 je zwei Ableitungen und Zusammensetzungen heraus.

_Ableitungen:_ _____

_Zusammensetzungen:_ _____

**Achtung, Fehler!**

**5** Folgende Wörter und Wortgruppen sind fehlerhaft. Schreibe die Wörter richtig dahint

1. Ortografie ___
2. der pfiff ___
3. bewußtlos ___
4. lehr ___
5. Rabat ___
6. heutemorgen ___
7. im allgemeinen ___
8. seid gestern ___
9. die Gloke läutet ___

10. Strasse ___
11. blitz schnell ___
12. ein drönen ___
13. gequeltes Gehäul ___
___
14. zäes Fleisch ___
15. Atmosphähre ___
16. audioviesuell ___
17. endscheident ___

**Achtung, Fehler!**

**6** Prüfe im folgenden Brieftext die Groß- und Kleinschreibung.
Schreibe die korrigierten Wörter in die Randspalte.

Rücknahme eines Smartphones

Sehr geehrte Damen und herren,
das Smartphone, das ich bei ihnen am 15.06. gekauft habe, hat trotz der bereits von ihnen vorgenommenen reparatur weiterhin nur eingeschränkte Funktionsfelder. So kann ich z. B. Nachrichten nur teilweise Empfangen. Auch das senden von SMS verläuft nicht reibungslos. mir gehen sehr wichtige Informationen verloren. Da ich mein Telefon auch Beruflich nutze, bitte ich sie um eine schnelle Rücknahme des Geräts und um einen Adäquaten Ersatz.
Ich hoffe auf eine zügige bearbeitung meines Anliegens. Danke für ihr verständnis!

Mit freundlichen Grüßen
Max Mustermann

**7** Kreuze die jeweils richtige Wortgruppe an.

**1**
a jung und alt einbeziehen ☐
b Jung und alt einbeziehen ☐
c Jung und Alt einbeziehen ☐

**2**
a morgen abend Fußball spielen ☐
b morgen Abend Fußballspielen ☐
c morgen Abend Fußball spielen ☐

**3**
a ein Bisschen gefährlich leben ☐
b ein bisschen gefährlich leben ☐
c ein bißchen gefährlich leben ☐

**4**
a sich für Musik interressieren ☐
b sich für Musik interessieren ☐
c sich für Musik interesieren ☐